T0209805

Qualitative Sozialforschung

Reihe herausgegeben von
Uwe Flick, Berlin, Deutschland
Beate Littig, Wien, Österreich
Christian Lueders, München, Deutschland
Angelika Poferl, Dortmund, Deutschland
Jo Reichertz, Essen, Deutschland

Die Reihe Qualitative Sozialforschung
Praktiken – Methodologien – Anwendungsfelder
In den letzten Jahren hat vor allem bei jüngeren Sozialforscherinnen und Sozialforschern das Interesse an der Arbeit mit qualitativen Methoden einen erstaun-
lichen Zuwachs erfahren. Zugleich sind die Methoden und Verfahrensweisen
erheblich ausdifferenziert worden, so dass allgemein gehaltene Orientierungstexte
kaum mehr in der Lage sind, über die unterschiedlichen Bereiche qualitativer
Sozialforschung gleichermaßen fundiert zu informieren. Notwendig sind des-
halb Einführungen von kompetenten, d. h. forschungspraktisch erfahrenen und
zugleich methodologisch reflektierten Autorinnen und Autoren.
Mit der Reihe soll Sozialforscherinnen und Sozialforschern die Möglichkeit
eröffnet werden, sich auf der Grundlage handlicher und überschaubarer Texte
gezielt das für ihre eigene Forschungspraxis relevante Erfahrungs- und Hinter-
grundwissen über Verfahren, Probleme und Anwendungsfelder qualitativer
Sozialforschung anzueignen.
Zwar werden auch grundlagentheoretische, methodologische und historische
Hintergründe diskutiert und z. T. in eigenständigen Texten behandelt, im Vordergrund steht jedoch die Forschungspraxis mit ihren konkreten Arbeitsschritten im
Bereich der Datenerhebung, der Auswertung, Interpretation und der Darstellung
der Ergebnisse.

Weitere Bände in der Reihe http://www.springer.com/series/12481

Jeanette Böhme · Tim Böder

Bildanalyse

Einführung in die bildrekonstruktive
Forschungspraxis der
Morphologischen Hermeneutik

 Springer VS

Jeanette Böhme
Fakultät für Bildungswissenschaften
Universität Duisburg-Essen
Essen, Deutschland

Tim Böder
Fakultät für Bildungswissenschaften
Universität Duisburg-Essen
Essen, Deutschland

Qualitative Sozialforschung
ISBN 978-3-658-28621-7   ISBN 978-3-658-28622-4   (eBook)
https://doi.org/10.1007/978-3-658-28622-4

Die Deutsche Nationalbibliothek verzeichnet diese Publikation in der Deutschen National-
bibliografie; detaillierte bibliografische Daten sind im Internet über http://dnb.d-nb.de abrufbar.

Verantwortlich im Verlag: Katrin Emmerich
Springer VS ist ein Imprint der eingetragenen Gesellschaft Springer Fachmedien Wiesbaden GmbH
und ist ein Teil von Springer Nature.
Die Anschrift der Gesellschaft ist: Abraham-Lincoln-Str. 46, 65189 Wiesbaden, Germany

Inhalt

Einleitung und Hinweise zur Schulung des Blicks für die Bildrekonstruktion

Dieses Buch ist stellenweise eher unkonventionell geschrieben, auch um bildrekonstruktive Einsteiger:innen zu ermutigen. Zwar werden grundlagentheoretische und methodologische Ausführungen zur Begründung der methodischen Herangehensweise nicht ausgespart, doch steht die Heranführung an die Forschungspraxis der Bildrekonstruktion im Zentrum.

Jeder, der dieses Buch suchend nach einer Methode zur Bildanalyse in der Hand hält, sollte seinen Blick, parallel zum Lesestudium, auch durch praktische Übungen für dieses Verfahren sensibilisieren. Kaufen Sie sich dazu ein Puzzlespiel mit 1000 Teilen! Bestenfalls lassen Sie von dem Bild, das Sie rekonstruieren wollen, ein Puzzle herstellen. Warum diese Empfehlung? Beim Puzzeln kann man sehr gut diejenigen hermeneutischen Kompetenzen profilieren, die eine morphologische Bildrekonstruktion erfordern. So wird der Blick geschult, die Eigenlogik zu erfassen, in der sich sozialer Sinn im Wechselspiel von Form und Gestalt des Bildes generiert.

Wenn Sie ein Puzzle organisiert haben, schauen Sie sich das Gesamtbild auf dem Karton erst einmal nicht mehr an. Schütten Sie vielmehr die Teile auf einen Tisch und fangen sie an, diese zu sortieren. Die meisten beginnen damit, Randteile zu suchen und setzen den Rahmen zusammen. Das ist kein Zufall! Denn der Bildrahmen begrenzt den Bedeutungsspielraum. Wenn dieser fertig zusammengesetzt ist, erhalten wir eine erste Vorstellung vom Bild. Sortieren Sie dann den restlichen Haufen entlang der Darstellungen auf den einzelnen Puzzleteilen: Es entstehen beispielsweise beim Landschaftspuzzle Haufen mit Himmel-, Wald-, Rasen-, Häuserteilen o. ä. Diese Häufchen sind Bildsegmente. Dann lassen sich aber auch Teile heraussuchen, die auf Übergänge verweisen, etwa zwischen Himmel und Wald, Wald und Rasen etc. Aber nicht immer sind diese Übergänge klar konturiert. Da gibt es immer noch einen Rest an diffusen Darstellungen. Man weiß noch nicht, wo sie hingehören. Sie füllen, meist abschließend angefügt, die Zwischenräume. Bleiben wir beim Landschaftspuzzle: Warum werden so häufig der Himmel oder andere glatte, wenig oder sehr gleich gemusterte Oberflächen als letztes in Angriff

© Springer Fachmedien Wiesbaden GmbH, ein Teil von Springer Nature 2020
J. Böhme und T. Böder, *Bildanalyse*, Qualitative Sozialforschung,
https://doi.org/10.1007/978-3-658-28622-4_1

genommen? Es ist oft müßig diese Segmente zu puzzeln, weil der Darstellungsinhalt uns keine Anhaltpunkte liefert. Wir müssen alleinig auf die Form der Puzzleteile achten – und da ist der Blick meist nicht so versiert. Aber hier genau setzt die Methode an! Und wenn Sie insbesondere Ihren Blick für die Form schulen wollen, noch ein Tipp: Drehen Sie das Puzzle auf die unbedruckte Rückseite. Für diese Übung sollte man eher mit einem Puzzle mit 100 Teilen beginnen. Das Motiv ist hier selbsterklärend egal.

Das Puzzeln eröffnet also vielseitige Übungsmöglichkeiten, um den morphologischen Blick zu schulen. Es profiliert ein Switchen der Beobachterperspektive zwischen Form und Gestalt einerseits und es sensibilisiert andererseits, Segmente und Übergänge der Bildkomposition und -choreographie zu erfassen.

Und nun noch ein Hinweis zur Handhabung dieses Methodenbuchs: Wir raten davon ab, die ersten Kapitel zu überspringen und gleich in den forschungspraktischen Teil einzusteigen. Auch, wenn man dort gewissermaßen Rezepte für einen schnellen und praktikablen Einstieg in die methodischen Anwendungen erhält, braucht es doch auch Wissen darüber, wie sich diese Anwendungsschritte begründen lassen, warum man so und nicht anders vorgehen sollte. Eine Methode zu verstehen und anwenden zu können braucht Geduld und ist vergleichbar mit dem Erlernen einer Sprache. In diese Sprache der morphologischen Bildrekonstruktion führt der vorliegende Band ein.

Im ersten Kapitel werden die Grundannahmen der Morphologischen Hermeneutik als theoretischen Bezugsrahmen des bildrekonstruktiven Ansatzes skizziert. Daran anschließend wird im methodologisch ausgerichteten zweiten Kapitel die Forschungsperspektive als ikonische Bildhermeneutik gekennzeichnet und zwischen den Modi Operandi des morphischen, wiedererkennenden und vergleichenden Sehens unterschieden. Im dritten Kapitel werden methodische Prinzipien und Schritte für die Umsetzung einer bildrekonstruktiven Forschungspraxis beschrieben. Hilfreich dürften vor diesem Hintergrund die Fallbeispiele im vierten Kapitel sein, die nicht nur die Anwendung der Methode, sondern auch Formate für eine nachvollziehbare Darstellung der Ergebnisse von bildrekonstruktiven Fallstudien aufzeigen. Im fünften Kapitel ermutigen wir mit Verweis auf den noch immer wirkmächtigen ikonoklastischen Rationalitätsmythos in der Qualitativen Sozialforschung, das Erkenntnispotenzial des Bildes in Studien zunehmend sichtbar zu machen.

Theoretische Grundannahmen der Morphologischen Hermeneutik

Wird die bildanalytische Forschungspraxis der Morphologischen Hermeneutik angewendet, ist damit einerseits eine gewichtige Entscheidung für die Konzipierung des Forschungsdesigns vorgenommen, andererseits auch ein strukturtheoretischer Bezugsrahmen für die Gegenstandskonstruktion und also Fragestellung der eigenen Forschungsarbeit gewählt. Die Bezeichnung des Ansatzes begründet sich in der zentralen Annahme, dass sich in den formalen Ordnungsprinzipien eines Bildes sein sozialer Sinn konstituiert. Die damit verbundenen Grundannahmen werden in diesem Kapitel skizziert.[1]

Mit der Bezeichnung Morphologische Hermeneutik wird bereits die Spezifik der Verstehensperspektive von sozialem Sinn angezeigt: Der Begriff Morphologie setzt sich aus den altgriechischen Worten morphe und logos zusammen. Morphe bezeichnet die Form und logos deren regelhafte Bedeutung. Sozialwissenschaftlich konkretisiert wird demnach in der Morphologie ein sinngenerierender Zusammenhang von Form und Bedeutung unterstellt, dessen rekonstruktive Erschließung sich diese Hermeneutik zur Aufgabe macht.

Die entscheidende Grundannahme der Morphologischen Hermeneutik lässt sich in einem Satz auf den Punkt bringen: „Sinn kommt durch Form in die Welt" (Schwemmer 2011, S. 106). In der Form als raumzeitliche Relationierung eines Bildes konstituiert sich der ikonische Sinn, der sich in den sichtbaren Darstellungsinhalten der Bildgestalt manifest konkretisiert. Es wird also eine formale Bedeutungsimma-

---

1 Der Band steht für eine systematische Zusammenführung und Erweiterung bereits veröffentlichter Vorarbeiten und Skizzen zum Theorie- und Forschungsprogramm einer Morphologischen Hermeneutik (vgl. Böhme/Böder 2020, Böhme/Böder 2019, Böhme/Böder 2018, Böhme 2018, Böhme/Flasche 2017, Böhme/Herrmann/Flasche 2016, Böhme/Flasche 2015, Böhme 2015, Böhme 2013a, Böhme 2013b, Böhme 2012, Böhme/Herrmann 2011, Böhme/Brick 2010, Böhme/Herrmann 2009, Böhme/Kasbrink 2009, Böhme 2009 a, b, Böhme 2006 a, b, c).

© Springer Fachmedien Wiesbaden GmbH, ein Teil von Springer Nature 2020
J. Böhme und T. Böder, *Bildanalyse*, Qualitative Sozialforschung,
https://doi.org/10.1007/978-3-658-28622-4_2

nenz im Bild angenommen, die bei der Rezeption des Dargestellten einen Spielraum der Sinnerschließung präformiert. Die Bedeutung eines Bildes wird demnach nicht aus seinem kulturhistorischen Entstehungskontext oder der Motivgeschichte des Autors abgeleitet. Im Fokus der Rekonstruktion steht vielmehr die „anschauliche Selbstbegründung des bildlichen Sinns" (Volkenandt 2010, S. 408). Nicht verzagen, wenn sich dieser komprimierte Auftakt nicht gleich erschließt, sondern erst einmal die weiteren Abschnitte zur theoretischen Begründung der Forschungsperspektive weiterlesen!

2.1   Latente Formenalgorithmen und ihre Manifestation im Bild als Ausdrucksgestalt

Wenn hier von Form (morphe) die Rede ist, meint dies in der Morphologischen Hermeneutik eine Ordnung von sozialem Sinn oder besser: formalen Bedeutungs-relationen. Formale Bedeutungsrelationen entstehen in einem Zusammenspiel von Regeln. Wenn wir von Form als einem Regelsystem sprechen, sind damit aber nicht in einem alltagstheoretischen Verständnis Konventionen oder Ordnungsvorstellun-gen bezeichnet, die in gesellschaftlichen Werte- und Normensystemen begründet sind. Vielmehr sind in einem strukturalistischem Verständnis Regeln gemeint, die latent unsere Handlungs- und Deutungsmuster strukturieren (vgl. z. B. Garz/ Raven 2015; Wernet 2009; Oevermann 1993, 2003). Die latenten Regelsysteme von Bedeutungen manifestieren sich in der Lebenspraxis nunmehr in mannigfaltigen Ausdrucksgestalten. Diese Ausdrucksgestalten sind beobachtbar als Sprechakte oder materialisierte Artefakte, wie es Bilder sind.

Tritt ein Subjekt handlungspraktisch in eine Lebenspraxis ein (z. B. ein Kind bei seiner Einschulung), findet dieses immer schon solche Regelsysteme vor (z. B. in der Schule). Die Regelsysteme relationieren einen kontextspezifischen Bedeu-tungsspielraum angemessener Handlungen und Deutungen. Es wird somit davon ausgegangen, dass diese Regelsysteme immer schon vorgängig bestehen, diese also nicht durch Akteur:innen unentwegt in lebenspraktischen Situationen neu hervorgebracht, vielmehr im Zeitraffer alltagsrekonstruktiv erschlossen werden müssen. Diese alltagsrekonstruktive Erschließung formaler Bedeutungsrelationen erfolgt im Rückgriff auf Regelwissen, das im Sozialisationsprozess kulturhistorisch konkret ausdifferenziert wird.

Diese Grundannahmen haben dem Strukturalismus den Vorwurf der Subjekt-feindlichkeit eingebracht (vgl. Reichertz 1986), was aber auf einem Missverständnis beruht. Denn es wird keineswegs abgesprochen, dass durch die akteur:innenseitige

Auseinandersetzung mit den Regelsystemen, die Bedeutungsspielräume einer Lebenspraxis transFORMiert werden können. Ja, die Transformation von Regelsystemen wird sogar als Regelfall angenommen, die umfassende Reproduktion derselben demgegenüber vielmehr als Grenzfall ausgewiesen (vgl. z. B. Oevermann 1991). Die Bedeutung einer Ausdrucksgestalt wird demnach durch formale Regelsysteme nicht determiniert, aber präformiert.

Vor diesem Hintergrund lässt sich das Bild als Ausdruck von Formenrelationen fassen, die als Regeln einen Bedeutungsspielraum begründen, der sich dann in den inhaltlichen Bilddarstellungen fallspezifisch konkretisiert. Oder anders formuliert: Das Bild ist manifeste Ausdrucksgestalt latenter Regelsysteme, die seine Bedeutungsrelationen präFORMieren.

Die Form als Bedeutungsrelation einer Ausdrucksgestalt ist nun als latent ausgewiesen und wird zudem als regelhaft angenommen. Die Denkfigur der Regelhaftigkeit wurde im Genetischen Strukturalismus aus zwei zentralen Theorieansätzen angrenzender Disziplinen aufgegriffen (vgl. Albrecht 1988, S. 199ff., auch Böhme 2000, S. 21f.): Einerseits mit Bezug auf strukturalistische Ansätze in der Sprachwissenschaft, die Grammatiken als formale Gesetzmäßigkeiten von Sprachsystemen rekonstruieren, um dann über Vergleiche dieser formalen Regelsysteme zu einer Universalgrammatik aller Sprachen vorzudringen. Andererseits waren auch die Formalisten in der Mathematik zentral, die davon ausgingen, dass jede Zahlenfolge und -menge in Algorithmen und also Formeln bzw. Gleichungen übersetzt werden können.

Strukturalistisch denken und forschen heißt also, gesetzmäßige Grammatiken oder Algorithmen von Bedeutungen ‚hinter‘ den beobachtbaren Phänomenen zu erschließen. Im sozialwissenschaftlichen Übertrag durch den Genetischen Strukturalismus wird nun davon ausgegangen, dass latente Regelsysteme, wie Grammatiken oder Algorithmen, in einer Lebenspraxis Bedeutungen ausformen, die sich in Ausdrucksgestalten manifestieren. In der Morphologischen Hermeneutik wird die regelhafte Generierungslogik von sozialem Sinn weniger als Grammatik, vielmehr als Algorithmus metaphorisiert, was sich insbesondere in dem ansatzspezifischen Schlüsselbegriff des ‚Formenalgorithmus‘ zeigt.

Bezogen auf das Bild als Ausdrucksgestalt kann damit formuliert werden, dass die Bedeutung eines Bildes regelhaft und also algorithmisch ausgeformt ist. Oder anders formuliert: Der Bedeutungsspielraum von Bildern konstituiert sich durch Formenalgorithmen und manifestiert sich in Bildern als Ausdrucksgestalten.

So lässt sich festhalten: Es wird zwischen einer Ebene subjektiver Sinnzuschreibung der Bilddarstellung und einer Ebene von Bedeutungsrelationen der formalen Sinnordnung eines Bildes unterschieden. Die latenten Formenalgorithmen setzen sich aus einem System von Regeln zusammen, die sinnlogisch Bedeutungen relationieren. Diese formalen Sinnordnungen sind nicht, wie etwa Konventionen, bewusste Repräsentationen, sondern vielmehr potenziell latent. Um diese latente Bedeutung eines Bildes zu erschließen, greift eine Deskription bzw. Beschreibung der Darstellungsinhalte zu kurz. Vielmehr bedarf es einer Rekonstruktion der latenten Formenalgorithmen, die sich in Bildern als Ausdrucksgestalten manifest konkretisieren. Durch die Annahme der Regelhaftigkeit kann die rekonstruierte Bedeutung auch für weitere Ausdrucksgestalten einer Lebenspraxis generalisiert werden. Die Begriffe Formen(-algorithmen) und (Ausdrucks-)Gestalten sind grundlagentheoretische Leitbegriffe, um das Verhältnis von Besonderen und Allgemeinen für die bildrekonstruktive Forschungspraxis auszuweisen.

2.2 Bedeutungsparameter von Formenalgorithmen als Medien-Funktion-Stil-Macht-Gefüge

Wir haben nun mit Bezug auf den Genetischen Strukturalismus verdeutlicht, dass Bilder Ausdrucksgestalten von Formenalgorithmen sind. Doch welche Bedeutungsparameter werden in den Formenalgorithmen relationiert (vgl. dazu auch Wiesing 2008, S. 69)?

Formenalgorithmen werden als komplexe Gefüge gefasst, die jeweils lebenspraktisch konkret vier Bedeutungsparameter regelhaft relationieren. Die Bedeutungsparameter lassen sich mit den Leitformeln (1) Medien, (2) Funktion, (3) Stil und (4) Macht überschreiben. Die damit verbundenen Konzepte wurden aus einer Zusammenschau von theoretischen Ansätzen gewonnen, die explizit einer morphologischen Argumentation folgen, jedoch jeweils einen der genannten Bedeutungsparameter priorisieren, um die regelhafte Ausformung von sozialen Sinn zu begründen. Relevant sind hier:

1. die Medienkulturtheorie der Kanadischen Schule, in der auf die zeiträumliche Ausformung von Kulturen durch die jeweils anerkannten Kommunikationsmedien verwiesen wird (vgl. Abs. 2.2.1);
2. der Strukturfunktionalismus, in dessen Weiterentwicklungen davon ausgegangen wird, dass sich funktionale Dispositionen sozialer Ordnungen in materiellen Raumordnungen manifestieren (vgl. Abs. 2.2.2);
3. die formale Ästhetik und Stiltheorie, die eine ästhetische Materialisierung soziokultureller Dispositionen behauptet (vgl. Abs. 2.2.3);
4. Machttheorien, die Manifestationen von Beziehungsrelationen in sozialen Ordnungen annehmen (vgl. Abs. 2.2.4).

Die vier Bedeutungsparameter von Formenalgorithmen werden zunächst in der Betrachtung der relevanten Theoriebezüge jeweils für sich in den Blick genommen. Dabei werden die theoretischen Konzepte lediglich skizziert und Literatur für ein vertiefendes Studium angegeben. Im Anschluss wird verdeutlicht, dass die Bedeutungsparameter Medien-Funktion-Stil-Macht auch in Bildern algorithmisch relationiert werden.

2.2.1 Medien als Bedeutungsparameter von Formenalgorithmen

In der Medienkulturtheorie der Kanadischen Schule (vgl. als Einführung und Überblick zu diesem Ansatz Mersch 2006) ist die These zentral, dass Medien als abstrakte Kommunikationssysteme sowohl die raumzeitliche Relationierung kultureller Ordnungen als auch die synästhetische Relationierung von Wahrnehmungsmodi ausFORMen. Sprich: Es wird davon ausgegangen, dass medienspezifische Symbolsysteme die Kommunikation regelhaft strukturieren und so für die AusFORMung sozialer Sinnordnungen und -konstruktionen konstitutiv sind.

Medien können ein Mittel, eine Vermittlung, ein Vermitteltes oder eine Mitte bezeichnen (vgl. Weber 2001, S. 22). In der Medienkulturtheorie der Kanadischen Schule wird insbesondere die Wirkmächtigkeit der Medien als Mitte in den Blick hervorgehoben. Diese Mitte ist eine „Grammatik der Medien" (Barck 1997, S. 10). Innis hat in dieser Perspektive eine „universalgeschichtlich konzipierte Untersuchung der Einflüsse und Effekte von Kommunikationsmedien auf die Formen sozialer Organisationen" (ebd., S. 3) vorgelegt, die in dem Kompendium „Die Kreuzwege der Kommunikation" (vgl. Innis 1949/1997) veröffentlicht wurden.

Medien – so die Grundannahme – beeinflussen wirkmächtig kulturellen Wandel. Entscheidend ist, welches medienspezifische Symbolsystem als zentral für die Kommunikation in einer Lebenspraxis anerkannt ist. Diese fast schon triviale Feststellung wird in ihrer Komplexität insbesondere durch Studien zu einer Transformation von Kulturen der Mündlichkeit (Oralität) zu Kulturen der Schriftlichkeit (Literalität) verdeutlicht. Dabei werden auch die medienkulturellen Transformationen durch technologische Entwicklungen herausgestellt (vgl. dazu etwa Ong 2016; Goody/Watt 1997).

Die zentrale morphologische Grundannahme der Medienkulturtheorie lautet: „Jedes Kommunikationsmittel spielt eine bedeutende Rolle bei der Verteilung von Wissen in Raum und Zeit" (Innis 1949/1997, S. 95). Medien wird somit eine sinnordnende Wirkmächtigkeit der raumzeitlichen Relationen von Kulturen zugesprochen. Und es war schließlich McLuhan (1995), der daran anschließend auch die

Bedeutung dieser medienspezifischen Sinnordnungen auf die Ausformungen von synästhetischen Relationen kulturspezifischer Wahrnehmungsmodi rekonstruierte. Als Leitthese dazu formulierte er: „Das Medium ist die Botschaft" (2001), insofern diese Bedeutungen regelhaft ausformen. Wie medienspezifische Symbolsysteme sozialen Sinn grundlegend präFORMieren, soll schlaglichtartig an einem Kontrast von Schrift und Bild verdeutlicht werden (vgl. dazu auch Böhme/Flasche 2017).

Zentrales Merkmal der typographischen Sinnstruktur ist der lineare Formenalgorithmus. Durch die Anordnung und das Lesen von Wörtern und Sätzen in der Linearität werden Sinnsequenzen generiert und decodiert. Schrifttexte haben darüber hinaus einen Anfang und ein Ende, sind also zeilenförmig hierarchisiert. Die ikonische Sinnstruktur eines Bildes weist eine solche Linearität, Sequenzialität und Hierarchie nicht auf. Vielmehr wird der Bildsinn durch eine Komposition von Segmenten geordnet (vgl. Müller 2012; Breckner 2010), die auch gleichzeitig, also synchron, in einer heterarchischen Relation gleichwertig nebeneinander bedeutungsgenerierend sind. So legt das Bild nach Imdahl (vgl. 1996a, S. 438) zwar den Verlauf von Blickbewegungen nahe, diese können jedoch auch mannigfaltig und defokussiert bleiben. Das Bild hat keinen Anfang und kein Ende, es hat mehrere Linien sowie Flächen und Segmente, die potenziell wie in einem Mosaik gleichzeitig in Resonanzen interferieren und so Sinn generieren.

Vor diesem Hintergrund wird nun auch deutlich, dass eine Bild*beschreibung* die spezifische ikonische Sinnordnung verfehlt. Ein Bild ist kein Text, wie auch immer weitreichend man den Textbegriff fasst. Ein Bild ist ein Bild. Wohl wissend um die Tautologie dieses Satzes, soll mit dieser rhetorischen Figur auf die Anerkennung der Eigenlogik von ikonischem Sinn insistiert werden. Dementgegen würde die Beschreibung eines Bildes die medienspezifische Bedeutungsrelation des Bildes transformieren. Denn bei einer Bildbeschreibung wird: die Komposition linearisiert, die Synchronie sequenzialisiert, die Heterarchie hierarchisiert.

Insofern wurde der Bildsinn im ‚lingustic turn' der sozialwissenschaftlichen Forschung verkannt. Was nicht verwundert, weil in der Wissenschaft der Buchkultur der typographische bzw. schriftorientierte Formenparameter eng mit dem Geltungsanspruch von Aussagen verkoppelt ist (vgl. Böhme 2006a, 2006b; Giesecke 2002, auch Kap. 8). In den aktuell aufbrechenden transmedialen Kulturen (vgl. Giesecke 2002) werden nun auch neue Aufmerksamkeiten auf das Bild in kommunikativen Mediengefügen und die Frage nach dissonanten Resonanzen in den Formengefügen der Netzwerkkultur freigesetzt (vgl. Rustemeyer 2009, S. 24). Kulturtheoretisch betrachtet, ist das Bild als Symbolsystem gegenwärtig keineswegs ein dominanter raumzeitlicher Ordnungsparameter. Vielmehr sind Bilder in transmediale Mediengefüge eingelassen und damit in netzwerkförmige „Sinnordnungen

(…), in denen multiple Reflexivitätsverhältnisse und Symbolordnungen operativ zirkulieren, koexistieren und sich verknüpfen" (ebd., S. 30).

Es stellt sich nun die Frage, wann Bilder in Mediengefügen Relevanz gewinnen. Um diese Frage zu beantworten, bedarf es der Betrachtung des medienspezifischen Potenzials der Ausdrucksgestalten von Bildern. Oder als Frage formuliert: Was können Bilder zum Ausdruck bringen, was etwa schriftförmig nicht oder nur begrenzt möglich ist?

Bilder können als Repräsentationen spezifisch auf eine in der Vergangenheit realisierte Wirklichkeit oder auf eine imaginär entworfene Wirklichkeit Bezug nehmen. Ikonisch protokollieren sie eine Lebenspraxis in folgendem Spektrum: In der Logik eines Indizienparadigmas einerseits, dominiert ein Evidenzverweis als „unwiderbringliches Vergangensein" (Krämer 2007, S. 157). Beispielhaft dafür sind etwa Fotos von Verstorbenen im Rahmen von Traueranzeigen, Fotos als Beweismittel bei der Spurensicherung in Ermittlungsverfahren oder auch private Fotos von Urlaubsreisen etc. Das Bild ist dann als ein „empirisches Indiz" zu rekonstruieren, allerdings von einer Sache, die nunmehr „abwesend, verborgen, unsichtbar oder auch nur weit entfernt ist" (ebd., S. 156). Mit dem Indizienparadigma korrespondiert funktional das Entzugsparadigma andererseits, denn was im Bilddargestellten „vergegenwärtigt wird, ist – selbstverständlich – nicht das Abwesende selbst, vielmehr dessen Abwesenheit" (ebd., S. 159). Oder anders: „In einem Bild wird die Sichtbarkeit von der Anwesenheit der Sache getrennt. Bilder sind Entmaterialisierungen, welche einen Gegenstand in reine Sichtbarkeit transformieren" (Wiesing 2008, S. 15). Damit eröffnet sich für das Bild auch ein Potenzial, empirisch lediglich lose verkoppelte oder weitestgehend entkoppelte imaginäre Entwürfe, Visionen oder ästhetische Ereignisse darzustellen, die eher auf die Gegenwart oder Zukunft gerichtet sind: „Jedes Bild ist ein sichtbarer Widerspruch von Präsenz und Absenz" (ebd.). Indizien- und Entzugsparadigma korrespondieren also miteinander, denn weder ist eine Bilddarstellung ein identisches Abbild einer Wirklichkeit, noch ein imaginärer Entwurf ohne jeglichen Bezug zu seinem kulturhistorischen Entstehungskontext.

2.2.2 Funktion als Bedeutungsparameter von Formenalgorithmen

Eine Gesellschaftstheorie, die eine morphologische Betrachtung von Funktionssystemen als systematische Erforderlichkeit ausweist, ist – bei aller Kritik – der Strukturfunktionalismus (vgl. Durkheim 1893/1992, als Überblick vgl. Schroer 2018). Infolge einer zunehmenden Arbeitsteilung werden moderne Gesellschaften hier durch eine Ausdifferenzierung von Funktionssystemen gekennzeichnet. So wird zwischen dem Wirtschafts- und Erziehungssystem oder den politischen, religiösen, juristischen Systemen unterschieden. Die Gesamtgesellschaft wird im Strukturfunktionalismus metaphorisch als Organismus gefasst und damit ein Gesellschaftsentwurf des Sozialen angenommen (vgl. z. B. Lüdemann 2004), in dem die differenten Funktionssysteme durch die Moral als dominantes Werte- und Normensystem wie Kitt zusammengehalten werden. Dies ist kritisch zu hinterfragen und verkennt die soziokulturelle Pluralisierung als weiteres Kennzeichen der Moderne. Jedoch soll dieser Einwand hier zurückgestellt und erst im Folgenden (vgl. Abs. 2.2.3) aufgegriffen werden.

Instruktiv für den hier vertretenen Ansatz ist die Annahme, dass sich die Logiken der Funktionssysteme in sicht- und greifbarer Gestalt manifestieren und somit als Substrat die Bedeutung einer Lebenspraxis materialisieren. Diese gesellschaftstheoretische Heuristik war für Halbwachs (2002) in seiner „Sozialen Morphologie" leitend. So zeigt er auf, dass sich die ausdifferenzierten funktionalen Systemlogiken etwa des Religiösen, des Politischen, des Ökonomischen und der Urbanität in materiellen Gegebenheiten bzw. Raumordnungen manifestieren und beobachten lassen. Im Fokus stehen dabei die „Gestaltungen im Raum, die man beschreiben kann, zeichnen, messen und wägen, deren Teile man zählen, deren Ausrichtung, deren Veränderung man erkennen, deren Vergrößerung, deren Verkleinerung man sehen kann. In genau diesem Sinn besitzen alle Einrichtungen des sozialen Lebens auch materielle Formen" (ebd., S. 16).

Vor diesem Hintergrund stellt sich die nur punktuell diskutierte Frage, welche Funktionssysteme sich insbesondere in Bildern zum Ausdruck bringen? Oder anders gefragt: Welche funktionalen Systemlogiken materialisieren sich in vorhandenen Mediengefügen, insbesondere und auch in Bildern? Die Antwort auf diese Frage lässt sich nicht entkoppeln von den bereits ausgeführten medienspezifischen Bedeutungsparametern von Bildern (vgl. Abs. 2.2.1). So wird das Bild, in der ihm eigenen medienspezifischen Verhältnissetzung des Indizien- und Entzugsparadigmas, in Funktionssystemen different anerkannt.

Das Bild als sichtbares Indiz von etwas Vergangenem ist etwa zur beweisführenden Evidenzsteigerung in juristischen oder naturwissenschaftlichen Kommunikationssystemen anerkannt. So zeigt etwa Rheinberger (2009) verschiedene Techniken des Sichtbarmachens in Experimentalzusammenhängen (Kompression, Verstärkung, Schematisierung), die funktionsspezifisch begründet eine eigene Bildsprache hervorgebracht haben. Bilddarstellungen im Entzugsparadigma haben dagegen bei der ästhetisierten und/oder sinnstiftenden Thematisierung von Wirklichkeitsentwürfen in der Kunst, Religion, Politik oder Pädagogik (vgl. dazu Böhme/Herrmann 2011, S. 20ff.) eine herausgehobene Bedeutung. Dies lässt sich darin begründen, dass die funktional ausgerichteten Kommunikationen in diesen Systemen durch ein Technologiedefizit der Handlungslogiken gekennzeichnet sind, in dessen Kern die Unbestimmbarkeit und Ungewissheit von faktisch ablaufenden Prozessmustern und -effekten steht. Das nicht Kalkulierbare, nicht Steuerbare, nicht Bestimmbare verweist auf die Grenzen einer funktionalen Bestimmung, Standardisierung sowie Planung von Prozessen in diesen Funktionssystemen. Das Bild jedoch eröffnet die Möglichkeit, einen sinnstiftenden Entwurf einer potenziellen Bewährung auf diesen kontingenten und unbestimmbaren Rest zu beziehen (vgl. Böhme 2000; Helsper/Böhme 2000).

2.2.3   Stil als Bedeutungsparameter von Formenalgorithmen

Stil ist die von der Funktion potenziell entkoppelbare Erscheinungsform einer Sache und ist somit ein eigenlogischer Bedeutungsparameter in Formenalgorithmen. Die theoriebildende Thematisierung von Stil nahm ihren Beginn in der Kunstwissenschaft. In Abgrenzung zu einer Gehaltsästhetik, die die Bedeutung des Bildes über inhaltliche Darstellungen in Dialektik zu darauf bezogenen formgebenden Prinzipien thematisiert, profilierte sich die formale Ästhetik. Insbesondere Zimmermann (1865/2017) prägte diese Perspektive in dem „Entwurf der allgemeinen Ästhetik als Formwissenschaft" (ebd., S. IV). Darin werden „in einer Vorwegnahme des strukturalistischen Ansatzes (...) die immanenten Relationen der formalen Ästhetik zum Eigentlichen des Werkes" (Wiesing 2008, S. 51). Damit markiert die formale Ästhetik „einen Perspektivwechsel von der Inhalts- zur Formenanalyse" des Bildes, deren zentrale Grundannahme die „Selbstständigkeit der Form" (ebd., S. 39) ist. Das Bild wird „einzig aufgrund seiner Form ein Gegenstand der Reflexion" (ebd., S. 17). Zimmermann verkoppelte allerdings seine formale Ästhetik normativ mit der Frage nach der Schönheit (vgl. ebd., S. 51). Darauf bezogen entwickelte Riegl (1890-91/2017), ein Schüler Zimmermanns, die formale Ästhetik weiter. An die Stelle des Schönheitsbegriffes setzt er den Begriff des Stils (vgl. Wiesing 2008, S. 58f.). Riegl bindet den Stilbegriff nicht an kunstgeschichtliche Epochen, sondern vielmehr an „Möglichkeiten des Sichtbarmachens" (ebd., S. 66) und wendet sich damit von den normativen Implikationen einer formalen Stilästhetik ab (ebd., S. 70). Was in ästhetischen Formen konkret sichtbar wird, sind nach dem Kunstwissenschaftler Riegl (1890-91/2017) historische Grammatiken als Regelsysteme einer Weltanschauung (vgl. ebd., S. 252).

Auch Nohl weist in seiner Schrift „Stil und Weltanschauung" (1920/2017) die Funktion der Bilder darin aus, „den Sinn der Wirklichkeit zu deuten" (ebd., S. 12, auch S. 23). Diese „Bedeutung (...) kommt aus dem Lebensverhältnis, in dem uns die Wirklichkeit überhaupt gegeben ist, und sie ist realisiert in der Struktur der Sichtbarkeit. (…) Der Stil in diesem Sinn ist die Form der Weltanschauung" (ebd., S. 22). Wie Nohl, ist auch Wölfflin (1915/2004) an einer formalästhetischen Analyse von Stilen entlang von Kategorien der Anschauung interessiert (vgl. dazu Abs. 3.1 und 4.1.1).

Gerade hier ist der Anschluss für eine sozialwissenschaftliche Erweiterung des Stilbegriffes angelegt, die innerhalb der Kunstwissenschaft zum Erhalt der Disziplin, aber auch in der Soziologie durchaus umstritten war (vgl. Luckmann 1983). Überzeugend führt dazu Bourdieu (1987) aus, dass es im Kern dieser Debatte um die begründete Bestimmung von Kriterien zur Unterscheidung von legitimierten Kunstwerken und alltagskulturellen Artefakten geht. Diese Versuche von Differenzsetzungen überwindet Bourdieu, indem er generalisierend ästhetischen Sinn als ein Bemühen um Distinktion ausweist, sowohl bei deren Hervorbringung als auch bei deren Rezeption (ebd., S. 57ff.).

Stil als Bedeutungsparameter von Formenalgorithmen wird somit als distinktive Ästhetisierung von Selbst-Weltverhältnissen verstanden, die alltagskulturell soziale Zugehörigkeit zum Ausdruck bringen. Und so schließen wir uns der Annahme von Hahn (1983) an: „Wir können (…) Stil als eine Formung von Handlungen (oder deren Resultaten), die für einen Handelnden, eine Gruppe von Handelnden oder eine ganze Kultur typisch sind und sich in verschiedenen Sphären des Daseins als identifizierbar manifestieren" (ebd., S. 604), ausweisen.

Im Versuch entsprechende Transformationsregeln bzw. generative Prinzipien von Stilen herauszuarbeiten, werden zwei Varianten von Stilbildungen unterschieden: Die eine Variante ist die Imitation einer Originalität in bereits vorhandenen ästhetischen Symbolsystemen. Funktional kann damit die Zugehörigkeit zu einer Gruppe markiert werden, die somit immer auch Ausdruck einer ästhetischen Distinktion ist. Die andere stilbildende Variante ist Authentizität und verweist darauf, „dass der Stil des äußeren Auftretens und Handelns durch das inkommensurable ‚innere Sein' gedeckt wird" (ebd., S. 607). Es liegt auf der Hand, dass die Prinzipien Originalität und Authentizität in einem dialektischen Verhältnis zueinanderstehen. Interessanterweise verweist nun Hahn darauf, dass die Relationierung der Dialektik in der Stilbildung von den Möglichkeitszeiträumen ästhetischen Ausdrucks einer konkreten Lebenspraxis abhängig ist. Diese sind etwa in funktionalen Systemen (vgl. Abs. 2.2.2) eingegrenzt, wenn „kodifizierte Gesetze (…), die diese Regeln kanonisieren und Institutionen der Zensur, die stilistische Abweichungen als ästhetische Sünden verurteilen und verfolgen" (ebd., S. 609), vorhanden sind. Einer solchen „‚Abkopplung' der privaten Rollen von den beruflichen entspricht die weitgehende Immunisierung des Funktionierens der großen bürokratischen Apparate gegen die Motive ihrer Mitglieder" (ebd., S. 608). Hier korrespondiert die Stilbildung mit den

Machtrelationen einer Lebenspraxis, die etwa in Formations- und Integrationsräumen (vgl. Abs. 2.2.4) eine ästhetische Selbstverleugnung präformieren können. Und diese kann angesichts der „identifizierenden Wirkung von Stilen" weitreichend krisenhaft sein, denn: Stile „sind weitgehend verinnerlichte Habitus, denen eine handlungsgenerative Funktion eignet. Ein sehr begrenzter Satz von Dispositionen erzeugt eine nahezu unendliche Zahl von Handlungen, denen man nachträglich ihre Stilähnlichkeit ansieht, ohne dass man sie immer vorhersehen könnte" (ebd., S. 609).

Zusammenfassend kann also formuliert werden: Stil ist ein „Ausdruck, Instrument und Ergebnis sozialer Orientierungen" (Soeffner 1983, S. 318), in dem sich sowohl ein sozialer Zugehörigkeitsverweis als auch ein Habitus manifestieren (vgl. für Jugendszenen z. B. Böder/Eisewicht/Mey/Pfaff 2019; Böder/Pfaff 2018). Instruktiv für weiterführende sozialtheoretische Studien, schließt hier somit der Stil- und Milieubegriff von Bourdieu (1987) an. Denn „Geschmacksäußerungen und Neigungen (d. h. die zum Ausdruck gebrachten Vorlieben)" (ebd., S. 105) formen material Stilsubstrate aus, denn: „Die im objektiven wie im subjektiven Sinn ästhetischen Positionen, die ebenso in Kosmetik, Kleidung oder Wohnausstattung zum Ausdruck kommen, beweisen und bekräftigen den eigenen Rang und die Distanz zu anderen im sozialen Raum" (ebd., S. 107).

2.2.4 Macht als Bedeutungsparameter von Formenalgorithmen

Eine Morphologie der materiellen Erscheinungen sozialer Ordnungen hat Mauss (1989) in seiner Studie zu den indigenen Bevölkerungsgruppen am nördlichen Polarkreis vorgelegt. Er betrachtete hier materiale Spuren der Siedlungs- und Sozialstrukturen sowie kollektive Bewegungsmuster. Diese materialen Gegebenheiten sozialer Ordnungen sind gleichsam Ausformungen von Machtrelationen (vgl. Foucault 1994, 2005), in denen sich (Un-)Möglichkeitsspielräume für Individuen begründen. Macht ist somit ein Wirkungsgefüge und „nicht so sehr etwas, was jemand besitzt, sondern vielmehr etwas, was sich entfaltet" (ebd., S. 38).

Die Ausformung von Macht als Bedeutungsparameter von Formenalgorithmen auszuweisen, hat sich in bereits vorliegender Forschung als instruktiv erwiesen. Idealtypisch lassen sich vier Formenalgorithmen machtrelationaler Wirkungsgefüge aufzeigen und zwar die Machtrelationen der Formation, der Integration, des Widerstandes und der Inklusion (vgl. Böhme/Herrmann 2011):

Machtrelation der Formation (vgl. Böhme/Herrmann 2011, S. 139ff.): Algorithmen der Formationsmacht sind durch zentralistische oder zellenförmige Formenparameter gekennzeichnet, die sich in geschlossenen Massen (vgl. Canetti 2006, S. 14f.)

oder Massenkristallen (ebd., S. 84) sozial manifestieren. Solche sozialen Ordnungen sind metrisch vermess- sowie verortbar und es dominiert das Bewegungsmuster der Sesshaftigkeit. Die Ausformung der sozialen Sinnordnung ist geschlossen und Zugehörigkeit wird hochgradig normativ nach definierten Kriterien entschieden. Mit der Technik einer materialen Klausursetzung wird ein sozialräumlich homogenes Innen explizit zu einem Außen in Differenz gesetzt (vgl. Foucault 1994, S. 181ff.). Die schließende Grundform ist die Zelle (vgl. ebd., S. 191, vgl. Fallbeispiel 1 in Kap. 5) oder der Ring (vgl. Canetti 2006, S. 29ff., vgl. dazu auch Fallbeispiel 2 in Kap. 6). Die zellenförmige Machtrelation der Formation verteilt die Individuen rasterförmig und diszipliniert den Einzelnen durch Parzellierung (vgl. Foucault 1994, S. 183): „Jedem Individuum seinen Platz und auf jeden Platz ein Individuum" (ebd.). Diese Anerkennung des Einzelnen ermöglicht gleichsam seine effizientere Kontrolle. Schließlich erfolgt auch eine Rang- und Funktionszuweisung, die Hierarchie und Statusdifferenz in der sozialen Ordnung begründet. Die ringförmige Machtrelation konzentriert den Blick einer im Kreis angeordneten Masse auf eine Mitte, auf die eine Entladung der Masse gerichtet ist und so eine Erfahrungsintensität gemeinschaftsstiftend konzentriert. Jeder Einzelne ist ein Glied in der Kette, die in einem Ring zum Ganzen verschmilzt (vgl. auch Canetti 2006, S. 29). Die Machtrelation der Disziplinierung wird somit in geschlossenen Formen, die linear begrenzt sind und in geometrischen Grundformen aufgehen, sichtbar.

Machtrelation der Integration (vgl. Böhme/Herrmann 2011, S. 143ff.): Algorithmen der Integrationsmacht begründen ebenso wie die Formationsmacht geschlossene soziale Ordnungen, die jedoch nicht durch die Zuweisung in eine explizite Klausursetzung, sondern durch Verhandlung und Einlösung von Zugehörigkeitskriterien hervorgebracht wird. Dies wird sichtbar, indem die soziale Ordnung zwar geschlossen ist, jedoch die Begrenzung nicht eindeutig linear bestimmt wird, da die Frage von Innen und Außen in einen Interpretationsspielraum gestellt ist. Somit sind die Ränder integrierter Massen eher kontingente Übergänge zu einem Anderen. Auch die Gestalt der sozialen Ordnung ist nicht statisch fixiert vermessbar, sondern weitaus prozesshafter in einen Spielraum eingelassen und damit dynamischer. Die Machtrelation der Integration bringt offene Massen hervor (vgl. Canetti 2006, S. 20ff.), die im Bild eines Organismus aufgehen. So erkennt die Integrationsmacht zwar die Differenz ihrer Teile an, jedoch nur soweit, wie es den Erhalt des Ganzen nicht in Gefahr bringt. Der Eigenwert des einzelnen Segments wird also dominant über einen Sinnbezug auf die soziale Gesamtgestalt definiert.

Machtrelation des Widerstandes (vgl. Böhme/Herrmann 2011, S. 148ff.): Widerstände „sind in den Machtbeziehungen die andere Seite, das nicht wegzudenkende Gegenüber" (Foucault 2008, S. 117). Und dieses Gegenüber sind geschlossene soziale Ordnungen. Inwiefern der Widerstand eingelassen ist in Machtrelationen der Disziplinierung oder Integration ist dabei durchaus zentral (vgl. Kupke 2008). Aber unabhängig davon bringt die Widerstandsmacht eine „Doppelmasse" hervor (Canetti 2006, S. 71ff.). Die Machtrelation ist in ihrer konkreten Ausformung in der makro- und mikroskopischen Spannung von Stabilität und Dynamik zwar variabel (Kuhnau 1995, S. 81), die Ausformung des Widerstands muss aber eine Differenz zum Formenalgorithmus der Gesamtgestalt markieren. Der Widerstand ist insofern eine „Fluchtlinie" (Deleuze/Guattari 2002, S. 303ff.). Sie manifestiert sich entweder als Alternative zur Gesamtgestalt mit Ziel ihrer Transformation (Disziplinarmacht) oder in pluralisierten Gefügen mit Ziel ihrer Ausdifferenzierung (Integrationsmacht). Denkbar ist auch, dass der Widerstand die bestehende soziale Ordnung negiert. Hier bleibt die Konkretion der Zielorientierung unbestimmt und ist ein „schwarzes Loch" (ebd., S. 305), das sich der Optionen seiner Bestimmung entzieht (vgl. Fallbeispiel 3 in Kap. 7).

Machtrelation der Vernetzung (vgl. Böhme/Herrmann 2011, S. 150ff.): Macht-relationen in Form der Vernetzung (vgl. Castells 2001) oder des Rhizoms (vgl. Deleuze/Guattari 2002, S. 11) sind durch flexible und dynamische Verknüpfungen einzelner Segmente gekennzeichnet (vgl. Schlechtriemen 2014, S. 262). Daher ist das so präformierte Bewegungsmuster auch eher ein Fließen (vgl. Castells 2001, S. 267) oder das Nomadenhafte (vgl. Deuleuze/Guattari 2002, S. 304). Dynamik sowie Rhythmus und damit die Formenrelationen in der Zeitlichkeit werden hier zentral (vgl. ebd., S. 499f.). Einzelne Plateaus werden zum Verknüpfungsrelais einer amorphen oder polymorphen Form der Mannigfaltigkeit. Normative Bestimmungen der Zugehörigkeit oder des Widerstandes weichen der Frage nach Interferenz- oder Resonanzmöglichkeiten zwischen Differentem, ohne dabei das Ziel zu verfolgen diese miteinander zu verschmelzen. Vielmehr wird der Zwischenraum in der Verhältnissetzung des Differenten zum zentralen Potenzial für das Werden und damit für die Entstehung eines Neuen, das weder von dem Bestehenden abstammt, noch auf seine Transformation oder Ausdifferenzierung zielt (vgl. ebd., S. 325). Diese hochgradig dynamischen und mannigfaltigen Gefüge präformieren Sozial-formen der Meute (vgl. Canetti 2006, S. 109ff., Deleuze/Guattari 2002, S. 52) oder des Schwarms (vgl. z. B. Horn/Gisi 2009).

2.2.5 Medien-Funktion-Stil-Macht-Gefüge in der Spannung von Transformation und Reproduktion

Jeder Forschungsansatz begründet sich in theoretischen Grundannahmen. Diese lassen sich für die Morphologische Hermeneutik ausgehend von den bisherigen Ausführungen wie folgt formulieren: Der soziale Sinn einer Lebenspraxis konstituiert sich in latenten Formenalgorithmen, die als Relationengefüge von den Bedeutungsparametern Medien-Funktion-Stil-Macht im Allgemeinen rekonstruiert werden können (vgl. Abb. 2.1). Die Verfasstheit der Formenalgorithmen begründet sich somit in den lebenspraktisch anerkannten Kommunikationsmedien, funktionalen Bezügen, stilbezogenen Symbolsystemen und etablierten Machtrelationen und manifestiert sich in sichtbaren Ausdrucksgestalten im Besonderen. Eine solche Ausdrucksgestalt von latenten Formenalgorithmen ist das Bild. Seine Rekonstruktion eröffnet Aussagen über die jeweilige Ausformung der sinnlogisch verknüpften Bedeutungsparameter einer Lebenspraxis, die kongruent, aber auch konfligierend und widersprüchlich in der Spannung von Indizien- und Entzugsparadigma relationiert sein können.

Wir sehen also, dass Formenalgorithmen lebenspraktisch erzeugt, jedoch nicht als emergentes Ereignis situativ hervorgebracht werden. Vielmehr haben sich Akteur:innen mit den vorgängig bestehenden Bedeutungsgefügen einer konkreten kulturhistorisch ausgeformten Lebenspraxis auseinanderzusetzen und beeinflussen diese dabei in der Spannung von Reproduktion und Transformation. Der Wandel solcher Relationen von Bedeutungsparametern ist nun insofern von einer gewissen Trägheit gekennzeichnet, da bestehende Formenalgorithmen auch eine sozialisatorische Wirkmächtigkeit haben und somit auch die akteur:innenseitige Handlungs- und Deutungsmuster relationieren. Dies lässt sich an gedankenexperimentellen Beispielen verdeutlichen: In der Buchkultur mit einem typographischen Leitmedium ist das Denken etwa linearisiert (vgl. McLuhan 1995), in Funktionssystemen mit einem hohen Grad an Bürokratisierung ist die Sensibilität für den Einzelfall eher unterrepräsentiert, Moden beeinflussen den kollektiven Geschmack etwa hinsichtlich der Wohneinrichtung sowie Kleidung und in Machtrelationen der Demokratie besteht ein Problembewusstsein für Teilhabe und Ungleichheit.

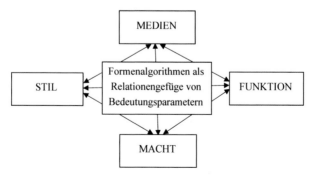

Abb. 2.1 Bedeutungsparameter der Formenalgorithmen

Je stärker sich nun kulturhistorisch ein Formenalgorithmus als dominant durchsetzt und sich kohärent materialisiert, um so kongruenter sind auch die Muster der lebenspraktischen Vollzüge und Reflexionen seitens der Akteur:innen. Im idealtypischen Grenzfall der umfassenden Reproduktion einer dominanten und kongruenten Bedeutungsrelationierung einer kulturhistorischen Lebenspraxis, ist die Wahrnehmung auf die präformierten Handlungs- und Deutungsoptionen der Lebenspraxis reduziert. In einem solchen Zustand der sozialen Synchronisierung von Angemessenheitsurteilen sozialen Handelns, bleiben alternative lebenspraktische Perspektiven weitreichend ausgeblendet. Eine solche begrenzte Reflexion und starke Präformierung von lebenspraktischen Handlungsvollzügen beschreibt eine kleine Geschichte metaphorisch sehr treffend: Frag mal einen Fisch, was Wasser ist. Er wird dir keine Antwort darauf geben können, weil er etwas Anderes noch nicht kennengelernt hat. Erst Kontrastvalidierungen verschiedener Formenalgorithmen und also die lebenspraktische Erfahrung von differenten Sinnordnungen ermächtigt Akteur:innen zur Transformation, Ausdifferenzierung, aber auch reflexiv begründeten Reproduktionen einer Lebenspraxis (vgl. auch Welsch 1998).

2.3 Die Grundannahmen als Heuristik für Gegenstandskonstruktionen in der Forschung

Die grundlagentheoretische Konkretion der Formenalgorithmen als Medien-Funktion-Stil-Macht-Gefüge ist für die Begründung und heuristische Schärfung von Gegenstandskonstruktionen instruktiv. Um den Blick für brachliegende Forschungsfelder zu öffnen, soll das Bild als medienspezifisches Datenmaterial auf Möglichkeiten für Gegenstandskonstruktionen hin befragt werden. Als übergreifende Leitfrage wird formuliert: Welches Potenzial ist dem Bild immanent, um damit korrespondierende funktionale, stilistische sowie machtbezogene Techniken zu rekonstruieren. Oder entgegengesetzt gefragt: Welche Bedeutung kommt dem Bild im Spektrum differenter Funktionssysteme, Stile oder Machtrelationen zu?

Parameterrelation Bild(-Medien) und Funktion: Funktionssysteme, wie etwa das Wissenschafts-, Bildungs-, Politik- oder Wirtschaftssystem sind durch spezifische Medien-Stil-Macht-Gefüge präformiert. Das Bild als Kommunikationsmedium ist entsprechend in der Spannung von Indizien- und Entzugsparadigma lebenspraktisch different anerkannt. So hat das Bild etwa in der Wirtschaft, Juristik oder Verwaltung einen anderen Stellenwert als in der Kunst, Religion oder Pädagogik. Dies begründet sich in funktionalen Systemlogiken einerseits, die andererseits jeweils auch durch den kulturhistorischen Wandel der Bedeutung von Bildern präformiert werden.

Parameterrelation Bild(-Medien) und Stil: Ein enormes Potenzial hat die Bildrekonstruktion bei der Erschließung von ästhetischen Ausdrucksformen, die sowohl körperbezogene als auch materialisierte Artefakte sein können und soziokulturelle Konkretionen von sozialer Zugehörigkeit und einer Positionierung des Selbst im Verhältnis zur Welt sind. Hier ist der Ansatz der Morphologischen Hermeneutik anschließbar an Forschungen zu Milieus und Habitus (vgl. Bourdieu 1987). Denn der Geschmack ist reflexiv nur begrenzt im Medium von Wort und Schrift sagbar. Die inkorporiert-performative Sinnordnung einer Habitusformation kann hingegen viel weitreichender im Bild sichtbar gemacht werden.

Parameterrelation Bild(-Medien) und Macht: Noch nicht hinreichend ausgeschöpft ist auch das Potenzial der Bildrekonstruktion in Forschungen, die sich an Machtrelationen in verschiedenen Kontexten interessiert zeigen. Machtrelationen lassen sich soziogrammatisch darstellen und rekonstruieren. Eine methodisch-methodologische Hürde besteht hier darin, solche graphischen Darstellungen auf der Grundlage von schriftsprachlichen Äußerungen herauszuarbeiten. Darstellungen sozialer Ordnungen im Bild, wie etwa Familienfotos, positionieren die Akteur:innen hingegen direkt durch eine zeiträumliche Relationierung. Werden diese mit den methodischen Schritten der morphologischen Bildrekonstruktion sichtbar gemacht, erhält man Soziogramme. Die Soziometrie ist eine sozialwissenschaftliche Methode, die in ihren Anfängen bereits in den 1950er Jahren durch Moreno (2014) erprobt wurde. Hier wurde die Idee entwickelt, soziale Relationengefüge in Bildern des Netzwerkes und Theaters, der Ströme und Atomstruktur auch graphisch sichtbar zu machen. Diskursanalytisch schließen hier auch die Arbeiten von Flusser (1998) an. Insbesondere in dem Kompendium zu „Bildern des Sozialen" von Schlechtriemen (2014) werden die Linien dieses Ansatzes systematisch unter Einbezug der netzwerktheoretischen Arbeiten von Latour und Castells nachgezeichnet. Es lässt sich also behaupten, dass die raumzeitliche Ordnung von Machtrelationen in keinem anderen Medienformat so sichtbar wird, wie in Bildern.

Die Heuristik des Medien-Funktion-Stil-Macht-Gefüges erweist sich als instruktiv, auch Gegenstandskonstruktionen in Forschungsarbeiten zu schärfen und zu begründen. So lassen sich in diesem heuristischen Bezugsrahmen systematisch Forschungsfragen konturieren, indem zwei oder mehr Bedeutungsparameter in ihrer lebenspraktischen Relationierung rekonstruiert werden. Die Ergebnisse solcher Forschungsarbeiten dürften dann nicht nur gegenstandstheoretisch aufschlussreich sein, sondern auch zu einer empirisch begründeten Schärfung der Grundannahmen der Morphologischen Hermeneutik beitragen.

Modi Operandi der morphologischen Bildrekonstruktion: morphisches, wiedererkennendes und vergleichendes Sehen

3

Die in diesem Band vorgestellte Bildrekonstruktion der Morphologischen Hermeneutik ist als eine ikonische Bildhermeneutik auszuweisen. Die *Ikonik* (vgl. Imdahl 1996 a, b) als bildhermeneutische Perspektive geht von einer Bedeutungsimmanenz des Bildes aus, die entkoppelt von der Kenntnisnahme um die kulturhistorischen Bedingungen der Werkschöpfung erschlossen werden kann. Da sich diese Bedeutungsimmanenz in den abstrakten und regelhaften Formenrelationen des Bildes konstituiert (vgl. Abs. 2.1), werden diese auch zu Beginn des Rekonstruktionsprozesses in den Fokus gerückt und eben nicht der Darstellungsinhalt eines Bildes. So ist der erste Schritt bei der morphologischen Bildrekonstruktion eine Formenanalyse, in der die formale Sinnordnung des Bildes erschlossen wird, die sich dann in den Darstellungsinhalten lediglich konkretisiert. Denn es sind eben diese zeiträumlichen Ordnungen der Sinnformen, die in der Ikonik als bedeutungsgenerierend für die inhaltlichen Darstellungen angenommen werden. Und so ist also nicht die Historizität der Werkschöpfung Gegenstand der Bildanalyse, vielmehr die eigenlogische Ausformung der Bedeutungsimmanenz des Bildes.

Daraus folgt für das forschungspraktische Vorgehen der ikonischen Bildrekonstruktion: zum einen werden keine historisierenden Interpretationen des Bildes vorgenommen; zum anderen wird der Bildsinn nicht „auf seine schriftlichen (Ikono-graphie) oder gedanklichen (Ikono-logie) Substrate zurückgeführt" (Boehm 1996, S. 26). Anstelle dessen wird die ikonische Sinnstruktur durch ihre materialisierte Anschauungsform rekonstruiert. Die Ikonik rückt damit in den theoretischen Bezugsrahmen einer Morphologischen Hermeneutik ein, insofern in dieser Perspektive das zentrale bedeutungsgenerierende Moment in der Formenrelation der Sinnordnung angenommen wird, die einen Spielraum für kulturhistorisch konkrete Rezeptionen eröffnet, aber auch begrenzt.

Der Modus Operandi in der morphologischen Bildrekonstruktion ist die systematische Bezugnahme auf das Bild in drei Varianten des Sehens: das formenbezogene morphische Sehen, das gestaltbezogene wiedererkennende Sehen und das

J. Böhme und T. Böder, *Bildanalyse*, Qualitative Sozialforschung,
https://doi.org/10.1007/978-3-658-28622-4_3

typenbezogene vergleichende Sehen. Diese differenten Modi des Sehens kommen in den methodischen Schritten der morphologischen Bildrekonstruktion (vgl. Kap. 4) zur Anwendung.

3.1 Morphisches Sehen: Die Sichtbarmachung der Form durch Anschauungsprotokolle

Das morphische Sehen ist auf die Morphe bzw. AusFORMung eines Bildes und damit auf die formale Ordnung der ikonischen Sinnstruktur bezogen.[2] Beim morphischen Sehen unterscheiden wir zwischen vorikonischem und ikonischem Sehen[3]. Beide Modi des Sehens reduzieren die Anschauung des Bildes auf die Parameter und Relationen seiner inhaltsleeren Form (vgl. Wiesing 2008, S. 44f.). Diese Parameter und Relationen begründen Formenalgorithmen als immanenten Bedeutungsspielraum des Bildes.

Formenalgorithmen konstituieren sich im Zusammenspiel von drei „Formphä-nomenen" (Cassirer 1994, S. 215), die in der Forschungspraxis jeweils einen Rekon-struktionsfokus darstellen: die Komposition der Blickordnung (vgl. Abs. 4.1.2), die Choreographie der Blickbewegung (vgl. Abs. 4.1.3) und die Perspektivität der Blickpositionierung (vgl. Abs. 4.1.4). Die Erfassung der Blickordnung, -bewegung sowie -positionierung als voraussetzungsreiche Grundlage für die Erschließung der Formenalgorithmen eines Bildes ist transszenisch und nur durch ein „für formale Relationen geöffnetes Sehen" (Imdahl 1996b, S. 45) möglich, das hier als morphisches Sehen bezeichnet wird.

---

2   Die Kategorie des morphischen Sehens wird im Vergleich zu dem von Imdahl (1996a, S. 486f.) ausgewiesenen sehenden Sehen in zwei Aspekten anders gefasst: Erstens wird beim sehenden Sehen nicht zwischen einer vorikonischen und ikonischen Anschauung des Bildes unterschieden. Zweitens bezieht Imdahl das sehende Sehen ausschließlich auf die Erfassung der planimetrischen Komposition (vgl. ebd., 477). Die sinnerschließende Anschauung der szenischen Choreographie und perspektivischen Projektion wird dem wiedererkennenden Sehen (vgl. Abs. 3.2) zugewiesen. Dazu in Differenz wird das morphische Sehen auf die Sinnformen der Komposition *und* der Choreographie sowie Perspektivität bezogen.

3   Diese Unterscheidung wurde inspiriert durch die Differenzsetzung zwischen vorikono-graphischer und ikonographischer Sichtweise im wiedererkennenden Sehen, dem Panofsky (1978, S. 43ff.) in der Ikonographie einen zentralen Stellenwert einräumt (vgl. allgemein zur Verhältnissetzung von Ikonographie und Ikonik Thürlemann 2009).

Regelwissen und Anschauungskategorien

Dispositionen, die als Voraussetzung für ein morphisches Sehen anzunehmen sind, wurden insbesondere in der Formalen Ästhetik der Kunstwissenschaft thematisiert. Hervorzuheben ist hier das Werk von Hildebrand (1901/2018) mit dem Titel „Das Problem der Form in der bildenden Kunst". Zwei Aspekte davon sind für die Morphologische Hermeneutik zentral:

Zum ersten entwickelt Hildebrand eine Idee von einem Regelwissen (vgl. Abs. 2.1), das er als Formvorstellungen qualifiziert (vgl. Hildebrand 1901/2018, S. 14). Diese Formvorstellungen begründen sich in einer räumlichen Erfassung von Naturerscheinungen, die im künstlerischen Schaffen themenorientiert aufgegriffen und bearbeitet werden. Das Regelwissen ist damit imitatives Wissen, das sich in der Anschauung der Natur begründet: „Das mit Imitativ bezeichnete, stellt also eine der Natur selbst entnommene Formenwelt dar" (ebd., S. 6f.). Sicher greift Hildebrand mit seinem singulär postulierten Naturbegriff zu kurz, insofern damit angesichts der „Vielfalt der Naturbegrifflichkeit eine problematische Einheit" (Schiemann 2011, S. 60) unterstellt wird. Doch sieht man von der darauf bezogenen Kontroverse zwischen naturalistischen und kulturalistischen Positionen ab (vgl. systematisch dazu ebd.), verweist Hildebrand hier bereits instruktiv darauf, dass sich in der Auseinandersetzung mit lebenspraktischen Ausdrucksgestalten ein morphisches Regelwissen von Formenrelationen konstituiert.

In einem zweiten daran anschließenden Punkt differenziert Hildebrand (1901/2018) die Generierungslogik von diesem morphischen Regelwissen in der Spannung von Bewegungs- und Gesichtsvorstellungen aus, insofern es sich in der Anschauung von Wirklichkeit durch „ein Abtasten mit der Hand oder mit dem Auge" (ebd., S. 19) begründet[4]. Bei der visuellen Erfassung von Formen wird zwischen zwei Extremen der Sehtätigkeit unterschieden (ebd., S. 20), die sich entlang aktueller wahrnehmungstheoretischer Begrifflichkeiten reformulieren lassen als: peripheres Sehen, das die Fläche eines Bildes in der Gleichzeitigkeit und damit das Gesamtbild erfasst, und foveales Sehen, das entlang der Gesichtslinie des Auges, Leitbahnen im Bild sequenziell verfolgt (vgl. Hunziker 2006). Als stereoskopisches Sehen bezeichnet Hildebrand (vgl. ebd., S. 27) schließlich Mischformen beider Sehtätigkeiten, die ein Erfassen der realen Form ermöglichen. In der Werkschöpfung eines Bildes muss

---

4   Damit distanziert sich Hildebrand von der Analyse eines Bildes mit der formalen Logik als Methode, für die Zimmermann (1865/2017) plädierte, der die Auffassung vertrat: „weder das Auge noch das Ohr, noch überhaupt eine Erfahrung, sondern das Denken allein" (ebd., S. 31) entscheidet über die schöne Form (vgl. dazu auch Wiesing 2008, S. 53).

ein „in-Beziehung-setzen der beiden Vorstellungsarten" gelingen, es gilt dabei „das gesetzmäßige Verhältnis zwischen ihnen aufzusuchen" (ebd., S. 28).

An diese Perspektive anschließend hat insbesondere der Kunstwissenschaftler Wölfflin (1915/2004) in seinem Grundlagenwerk „Kunstgeschichtliche Grundbegriffe. Das Problem der Stilentwicklung in der neueren Kunst" als Zusammenspiel von Gesamtkomposition und segmenthaften Erscheinungsformen und -relationen des Bildes weiterentwickelt. Wölfflin arbeitet über formale Analysen und vergleichende Betrachtungen von Malereien der Renaissance und des Barocks fünf dialektische Kategorien der Anschauung von Formen heraus: das Lineare und Malerische, die Fläche und Tiefe, die Geschlossenheit und Offenheit, die Vielheit und Einheit sowie die Klarheit und Unklarheit (vgl. Abs. 4.1.1).

Prozessmuster des morphischen Sehens als Modus Operandi

Um die Formenphänomene des Bildes im Modus Operandi des morphischen Sehens sichtbar zu machen, ist einerseits ein Wechselspiel zwischen vorikonischer und ikonischer Sichtweise, andererseits eine abduktive Haltung erforderlich (vgl. Reichertz 1993).

In einer vorikonischen Sichtweise wird in gleichschwebender Aufmerksamkeit konzentriert und angestrengt, nach formgebenden Parametern im Bild gesucht. So sollte der eigene Blick sich durch die Sinnordnung des Bildes gewissermaßen formen lassen. Die Erfassung formgebender Prinzipien des Bildes erfolgt somit in einem ersten Schritt visuell-performativ, indem wir uns bei der Anschauung darauf einlassen, den Blick mimetisch auf die Formenphänomene zu beziehen. Visuell-performativ soll hier insofern die Beobachtung sein, als es noch nicht darum geht, reflexiv die formgebenden Phänomene etwa in geometrischen Kategorien zu identifizieren. Vielmehr soll die Ordnung, Bewegung und Positionierung der Bildanschauung mimetisch nachvollzogen werden. Mimetisch insofern, als der Blick an die immanenten Formenverhältnisse des Bildes anzuschmiegen ist. Diese Bildbeobachtung ist eine vorikonische Anschauung. Sie hat einen direkten Bezug zur formalen Bildpräsenz.

Für das Erkennen von Formenrelationen ist eine Schulung des Blicks erforderlich, die Übung braucht! Denn es geht darum, unser vorikonisches und also morphisches Regelwissen zu aktivieren, das in der bildbezogenen Anschauung zu explizieren ist. Dazu ist es notwendig die geläufige Betrachtung dessen, WAS auf dem Bild dargestellt ist, zu irritieren und insofern von den Bildinhalten künstlich zu abstrahieren. Nur so sensibilisieren wir den Blick für die kompositorischen, choreographischen und perspektivierenden Formenphänomene. „Die Seherwartung, die das Dargestellte sucht" (Schwemmer 2005, S. 163), ist demnach zurückzuweisen. Der Einstieg in die Bildrekonstruktion erfolgt eben gerade nicht wie in der ikonographischen Bildhermeneutik über die Beschreibung von bildhaft gewordenen Gegenständen, Arrangements, Szenen und also des narrativen Zusammenhanges eines Bildes! Zu erfassen ist vielmehr das abstrakt-formale Ordnungsnetz der zeiträumlichen Relationen, die eine ikonische Sinnordnung und damit den Bedeutungsspielraum des Bildes präformieren. Die Darstellungsinhalte eines Bildes liegen wie ein Schleier über diesen konstitutiven, primären Sinnformen. Schaut man durch diesen hindurch, sehen wir die bedeutungsgenerierenden Formenphänomene, die dem Bild immanent sind, sehen wir die Bildlichkeit des Bildes (vgl. ebd.).

Die vorikonische Ausformung der Anschauung und damit das performativ-mimetische Sehen sind nun selbst als Gegenstand einer ikonischen Beobachtung zu qualifizieren: In einer Gleichzeitigkeit bewege ich den Blick durch das Bild (vorikonische Anschauung). Gleichzeitig werden diese Leitbahnen des Blicks entlang der Ordnung, Bewegung und Positionierung in der performativ-mimetischen Anschauung beobachtet (ikonische Anschauung). Die ikonische Anschauung bezieht sich also in einem deskriptiv-reflexiven Modus auf die vorikonischen Ausformungen der Anschauung, mit dem Ziel, Formenphänomene im Bild zu erfassen. Dazu werden die Ordnungen, Bewegungen und Positionierungen des Blicks deskriptiv sichtbar gemacht und protokollierend dargestellt. Schließlich werden die Formenrelationen entlang der Kategorien der Anschauung (vgl. Abs. 4.1.1) systematisiert und darauf bezogen die Bedeutungen in einem reflexiven Verstehensakt als ikonische Sinnstruktur erschlossen. Methodologisch geht das skizzierte Prozessmuster des morphischen Sehens damit in einem epistemologischen Dreischritt auf: von der Anschauung über die Darstellung zur Explikation der Bedeutung (vgl. Cassirer 1994).

Forschungspraktisch erfordert eine Darstellung der vorikonischen Sehereignisse also die Protokollierung der Anschauung. Bedenken wir, dass die Form des Bildes ein latentes Regelsystem ist, ist diese nun durch das Erstellen eines Anschauungsprotokolls sichtbar zu machen. Eine zentrale methodische Herausforderung!

Das Anschauungsprotokoll ist voraussetzungsreiche Grundlage, um den weiteren Gang der Rekonstruktion nachvollziehbar zu machen. Es hat einen vergleichbaren Stellenwert für den Fortgang der Bildrekonstruktion, wie ein Transkriptionsprotokoll für die Rekonstruktion von Alltagsinteraktionen oder Interviews. Das Anschauungsprotokoll kann auch als Feldlinien-Protokoll bezeichnet werden (vgl. Imdahl 1996b, S. 43ff., vertiefend und weiterführend Volkenandt 2010), was jedoch auch die Gefahr der Unterstellung mit sich bringt, dass sich alle erwartbaren Formphänomene durch Linien protokollieren lassen. Dabei lassen sich Grenzen einer solchen Vorannahme antizipieren (vgl. Abs. 4.1.1 und dort die Kategorien des Malerischen oder der Unklarheit). So erfordert die Protokollierung von Formenphänomenen unter Umständen etwa auch die Darstellung von Flächen, diffusen

Rändern oder amorphen Zwischenräumen (vgl. Fallbeispiel 3 in Kap. 7, wo die Fundamentalüberraschung eine Fläche ist). Die Umsetzung des Verfahrens sollte von der vorikonischen Anschauung zur ikonischen Darstellung der Formenphänomene weitreichend ohne begriffliche Kommentierungen und also schweigend erfolgen. Nur so wird die Eigenlogik der Sinnordnung des Bildes vor einer selektiven Transformation in die typographische Sinnordnung durch Beschreibungen von Formenphänomenen geschützt (vgl. dazu Abs. 2.2.1). Und auch die Geltung der protokollierten Blickordnungen, -bewegungen und -positionierungen sollte durch nichts anderes als durch die bildliche Evidenz der Anschauung begründet werden (vgl. Schlechtriemen 2014, S. 71). In der Forschungspraxis heißt dies, dass sich das Anschauungsprotokoll im morphischen Sehen der Anderen bewähren und also überzeugen muss. Erst die deskriptiv-reflexive Explikation ihrer Bedeutung erzwingt eine Überführung der protokollierten Anschauung in begriffliche Kategorien (vgl. 4.1.1).

3.2   Wiedererkennendes Sehen: Die Interpretation der Gestalt

Den Modus Operandi des wiedererkennenden Sehens hat insbesondere Panofsky (1978) profiliert und für die ikonographische Bildanalyse als zentral gesetzt. In der ikonischen Bildhermeneutik spielt das wiedererkennende Sehen gegenüber dem morphischen Sehen eine untergeordnete Rolle und wird erst bei der Gestaltanalyse (vgl. Abs. 4.2) relevant. Dort wird die dargestellte Ding- und Figurenwelt eines Bildes durch zwei WAS-Fragen qualifiziert: Was sehe ich auf dem Bild? Was ist das, was ich sehe? In einer grundlegenden ikonographischen Einstellung erfolgt hier eine „Beschreibung und Klassifizierung von Bildern" (ebd., S. 41). So werden Darstellungsinhalte des Bildes auf „der Grundlage unserer praktischen Erfahrungen identifiziert: Jedermann kann die Gestalt und das Verhalten menschlicher Wesen, von Tieren und Pflanzen erkennen und jedermann kann ein zorniges Gesicht von einem fröhlichen unterscheiden" (ebd., S. 43)[5].

---

5   Panofsky (1978) bezeichnet diese deskriptive Thematisierung des Bildes als „vorikonographische Beschreibung" (ebd., S. 43). Um dann den nächsten Schritt der ikonographischen Analyse vollziehen zu können, bedarf es einer Kenntnisnahme des kulturhistorischen Kontextes mit Bezug auf die Autorenperspektive und der Werksentstehung.

Mit Bezug auf die Ikonographie wird also bei dem wiedererkennenden Sehen in einem ersten Schritt die Tatsachenbedeutung der bildlichen Darstellungen vorikonographisch beschrieben, „indem ich einfach bestimmte sichtbare Formen mit bestimmten Gegenständen identifiziere, die mir aus praktischer Erfahrung bekannt sind, und indem ich die Veränderung in ihrer Beziehung mit bestimmten Handlungen oder Ereignissen identifiziere" (ebd., S. 36).

In einem zweiten Schritt wird die ausdruckhafte Bedeutung der identifizierten Tatsachen erschlossen. Um diese „zu verstehen, benötige ich eine gewisse Sensibilität, doch diese Sensibilität ist noch immer ein Bestandteil meiner praktischen Erfahrung, nämlich meines alltäglichen Vertrautseins mit Gegenständen und Ereignissen" (ebd., S. 37). Die tatsachenhafte und ausdruckhafte Bedeutung zusammen „bilden die Klasse primärer oder natürlicher Bedeutungen" (ebd.), die Panofsky auch als Phänomensinn bezeichnet, der in der Verschränkung der ersten beiden Interpretationsschritte expliziert werden kann.

3.3 Vergleichendes Sehen: Die Kontextvariation durch Parallelprojektionen

Das vergleichende Sehen wird in der morphologischen Bildrekonstruktion an zwei Stellen umgesetzt: Erstens im Rahmen der Formenanalyse (vgl. Abs. 4.1), zweitens im Rahmen der daran anschließenden Gestaltanalyse (vgl. Abs. 4.2.2). Welche Kriterien sind hier angelegt? Als instruktiv hat sich in der Forschungspraxis erwiesen, Parallelprojektionen[6] mit Bildern anzustellen, die Ähnlichkeiten aufweisen. Zentral ist damit die Frage verbunden, inwiefern die herausgestellte Ähnlichkeit als Formen- oder Gestaltanalogie „tatsächlich in den Bildern angelegt ist" oder „möglicherweise eine nachträgliche und beliebige Zutat; ein freies Assoziieren des Rezipienten darstellt" (Geimer 2010, S. 58). Wird man dem Bild gerecht, wenn man es in Form und Gestalt immer schon als Zitat eines schon Dagewesenen betrachtet und nicht eher gerade auf die Bildmomente seiner „partiellen Unvergleichbarkeit" (ebd., S. 64) fokussiert? Verschluckt also der Vergleich das Spezifische? (vgl. ebd., S. 65) Wird das Besondere durch das Allgemeine substituiert? Und steht dieses Vorgehen

---

6 Den Begriff der Parallelprojektion hat Müller (2012) im Rahmen der Begründung einer Figurativen Hermeneutik geprägt: „Im einfachsten Fall meint *Parallelprojektion* die Erzeugung von Kontrasterfahrungen durch die unmittelbare mediale Zusammenstellung zweier Bilder zu einem Vergleichspaar" (ebd., S. 151).

der Suche nach ähnlichen Referenzgrößen nicht auch in der Gefahr einer herme-
tisch zirkulären Verselbstständigung des vergleichenden Sehens? (vgl. ebd., S. 65).
Diesen Fragen soll mit zwei Antworten begegnet werden: Zum Ersten ist es das
vordergründige Interesse einer strukturalistischen Rekonstruktion, gerade die
generalisierbaren Bedeutungen von Form und Gestalt eines Bildes zu erschließen.
Denn erst die Erschließung eines Allgemeinen ist voraussetzungsreiche Bedingung
dafür in Folgestudien aufzuzeigen, wie sich dieses im Besonderen konkretisiert.
Zum Zweiten ist kein Bild mit einem weiteren identisch. Insofern wird als Kriterium
bei der Auswahl überzeugender Bilder für eine Parallelprojektion, die Ähnlichkeit
in Hinsicht auf Form und Gestalt zum Originalbild stark gemacht. Ähnlichkeiten
verweisen zwar auf ein Identisches, jedoch auch immer auf einen Rest der Differenz. Und es ist sicher für die Rekonstruktion aufschlussreich, die Bedeutung
dieser Differenz im Zuge einer minimalen Kontrastierung zu erschließen. Wenn
nun aber unähnliche Bilder für die Analyse aufgegriffen werden sollen, dann
empfehlen wir dies nicht im Rahmen der Parallelprojektion thematisch werden
zu lassen, da es kein überzeugendes Kriterium gibt, warum dieses und nicht jenes
Bild ausgewählt wurde.

Das vergleichende Sehen im Rahmen der Formenanalyse bezieht sich auf die
protokollierten Formenphänomene. Zwei Beispiele verdeutlichen, über die nach-
folgenden Fallstudien hinaus, diesen Modus Operandi eindrücklich: Einerseits ist
auf die Studien von Unger (2011) zu verweisen, der zu den Formenalgorithmen von
über 100 Stadtbildern Parallelprojektionen zu Bildern anstellt, die allesamt etwas
Anderes inhaltlich darstellen, aber in der Formgebung Ähnlichkeiten aufweisen.
„Die immanenten Relationen eines Bildes können bei Bildern mit unterschiedli-
chem Inhalt sogar ähnlicher sein, als bei Bildern mit gleichem Inhalt, wie besonders
dann deutlich wird, wenn zwei Bilder gleichen Inhalts nebeneinander gehalten
werden: Die Identität des Gegenstandes begünstigt den Blick für die Varietät seiner
Erscheinungsweise." (Wiesing 2008, S. 59)

Das vergleichende Sehen im Rahmen der Gestaltanalyse fokussiert auf die
konkreten Ausdrucksgestalten. Nicht allein der Phänomensinn wird als Kriterium
für die Suche nach ähnlichen Bildern herangezogen, sondern der Phänomensinn
in seiner formenrelationalen Gestalt. Durchaus im Sinne einer Kontextvariation
werden hier im Vergleich von ähnlichen Bilddarstellungen, etwa in Reihe laufender
(vgl. Fallbeispiel 1 in Kap. 5) oder im Kreis tanzender Menschen (vgl. Fallbeispiel
2 in Kap. 6), weitere Bedeutungsdimensionen herausgearbeitet.

Insbesondere in der Studie zur Stilentwicklung in der neuen Kunst von Wölfflin
(1915/2004) wird deutlich, wie instruktiv Parallelprojektionen sind, die weitere
Selektionskriterien für die Bildauswahl auch über die Gegenstandskonstruktion
bzw. Fragestellung einer Studie begründen. Wölfflin hatte etwa ausschließlich

Kunstobjekte miteinander verglichen. Oder in einer eigenen Studie (vgl. Böhme/ Flasche 2017) zur Schularchitektur wurde die Fragestellung für eine Bildauswahl leitend gemacht, welche Architekturen am schulischen Standort gewissermaßen in dem Schulbau formgebend zitiert werden. Selbstredend, das hier Architekturen im Quartier nicht berücksichtigt werden konnten, die nach dem Schulneubau entstanden, was zeigt: „das Vergleichen selbst kann als ein historisch sich wandelndes Unterfangen gelten" und also: „Nicht alles ist zu allen Zeiten vergleichbar" (Geimer 2010, S. 50).

Methodisches Vorgehen

4

Die Anwendung der morphologischen Bildrekonstruktion wird in diesem Kapitel kleinschrittig und anwendungsbezogen dargestellt. Die vorangegangenen grundlagentheoretischen (vgl. Kap. 2) und methodologischen (vgl. Kap. 3) Ausführungen machten deutlich, dass die Reihenfolge der einzelnen methodischen Schritte nicht beliebig, vielmehr weitgehend streng nach der folgenden Ablaufgestalt umzusetzen ist. Insofern hat die forschungspraktische Rekonstruktion mit der Formenanalyse (vgl. Abs. 4.1) zu beginnen, auf deren Grundlage dann eine Gestaltanalyse (vgl. Abs. 4.2) des Bildes vorzunehmen ist.

4.1 Formenanalyse: Rekonstruktion der bedeutungsgenerierenden Formenalgorithmen

Die Formenanalyse eines Bildes setzt sich aus drei rekonstruktiven Fokussierungen zusammen:

- Erster Rekonstruktionsfokus: Komposition der Blickordnung (vgl. Abs. 4.1.2);
- Zweiter Rekonstruktionsfokus: Choreographie der Blickbewegung (vgl. Abs. 4.1.3);
- Dritter Rekonstruktionsfokus: Perspektivität der Blickpositionierung (vgl. Abs. 4.1.4).

Die Formenanalyse sollte in der vorgestellten Reihenfolge umgesetzt werden. Darüber hinaus hat sich forschungspraktisch bewährt, die einzelnen rekonstruktiven Schritte weitestgehend getrennt umzusetzen und erst die jeweiligen Ergebnisse miteinander zu verknüpfen. Komposition, Choreographie und Positionierung des Blicks konstituieren die allgemeine Sinnform des Bildes. Um diese zu rekonstruieren ist in der Perspektive eines morphischen Sehens die Erstellung eines

© Springer Fachmedien Wiesbaden GmbH, ein Teil von Springer Nature 2020
J. Böhme und T. Böder, *Bildanalyse*, Qualitative Sozialforschung,
https://doi.org/10.1007/978-3-658-28622-4_4

Anschauungsprotokolls (vgl. Abs. 3.1) erforderlich, um so die kompositorischen, choreographischen und perspektivischen Formenphänomene bzw. -relationen sichtbar zu machen, die in ihrer Verschränkung spezifische Formenalgorithmen (vgl. Abs. 2.1 und 2.2) konstituieren.

Die Komposition, Choreographie und Positionierung sind regelhafte Formenphänomene, die den Blick auf ein Bild präformieren. Die Formenrelationen, die durch die Leitbahnen des Blicks sichtbar werden, sind über ein Anschauungsprotokoll zu explizieren. Die Erstellung eines Anschauungsprotokolls hat zum Ziel, die formale Sinnordnung der Gesamtgestalt und einzelner Bildsegmente herauszuarbeiten. Zur Orientierungshilfe werden eben solche Formenphänomene ausgeführt (vgl. Abs. 4.1.1), die von Wölfflin (1915/2004) als Relationenlogiken des Bildes herausgearbeitet wurden und sich in der Forschungspraxis als bedeutungsgenerierend erwiesen haben.

4.1.1 Orientierungshilfe für die Sichtbarmachung von Formenrelationen

Die folgenden Kategorien der Anschauung sind aus dem Grundlagenwerk „Kunstgeschichtliche Grundbegriffe" von Wölfflin (1915/2004; auch in einer neuen Auflage von 2018) übernommen (vgl. auch als Überblick Wiesing 2008, S. 95ff.). Als a priori erkennbare Gegensätze verweisen diese Kategorien auf ein Möglichkeitsspektrum der Ausformung ikonischen Sinns (vgl. ebd., S. 97).

Das Lineare und das Malerische

Das Lineare begrenzt und bestimmt sichtbar Unterscheidungen an der Oberfläche. Durch die explizite Konturierung werden Bildsegmente begreifbar und haben damit eine haptische Qualität (vgl. Wiesing 2008, S. 61): „Haptisch ist eine Relation dann, wenn die Relata eigenständig sind. Die Formen auf der Oberfläche sind von der Umgebung abgehobene Figuren, deren Anfang und Ende exakt gesehen werden kann" (ebd., S. 61). Oder anders: „Die Operation, die das Auge ausführt gleicht der Operation der Hand, die tastend am Körper entlang geht" (Wölfflin 1915/2004, S. 36). Die lineare Relationenlogik bringt potenziell Umrisse hervor. Eine solche Betonung der Ränder von Bildsegmenten erfolgt entweder durch einen expliziten Linieneintrag oder durch einen markanten Farbkontrast. Aber die explizite Linie umrandet nicht nur ein Bildsegment, sondern bestimmt auch als „Konturlinie (…) mit der ihr zur Verfügung stehenden Genauigkeit das ‚Niemandsland' zwischen den Fronten" (Wiesing 2008, S. 61). Die Kompositionen, Choreographien und Blickpositionierungen, die als Linien anschaulich werden, sind demnach tektonisch vermessbar, reproduzierbar und lassen sich hilfreich mit geometrischen Formenrelationen protokollieren.

Das Malerische bezeichnet nicht die Malerei als Kunstform, sondern eine spezifische Relation, die den Blick im Bild präformiert: „Bei malerischen Übergangsrelationen gehen die Relata sichtbar kontinuierlich ineinander über. Die Beziehung erscheint also fließend, verschwimmend, analog. Bei einer malerischen Form gibt es einzig Übergangselemente, die ‚sowohl-als auch‘ sind" (ebd., S. 61). Der Blick wird also nicht in bestimmbaren Bahnen präformiert. Vielmehr wird er durch „Fleckenerscheinungen" (Wölfflin 1915/2004, S. 33) in Fluss gebracht, ohne Halt zu finden.

Gerade Wölfflins Kontrastierungen der beiden Übergangsrelationen des Linearen und Malerischen machen die Differenz prägnant: „Dort gleichmäßig klare Linien, die trennend wirken, hier unbetonte Grenzen, die die Bindung begünstigen" (ebd., S. 34). Und zur Frage der Bedeutung der Formenphänomene führt er weiter aus: „Der lineare Stil ist ein Stil der plastisch empfundenen Bestimmtheit. Die gleichmäßig feste und klare Begrenzung der Körper gibt dem Beschauer Sicherheit (…) Darstellung und Sache sind sozusagen identisch. Der malerische Stil dagegen hat sich von der Sache, wie sie ist, mehr oder weniger losgesagt (…). Lauter Flecken stehen nebeneinander, unzusammenhängende. Zeichnung und Modellierung decken sich nicht mehr im geometrischen Sinne mit der plastischen Formunterlage, sondern geben nur den optischen Schein der Sache" (ebd., S. 36).

Die Fläche und die Tiefe

Die Fläche stellt sich abhängig von der Betrachter:innenpositionierung als eine choreographierte Komposition im zweidimensionalen Grund- oder Aufriss dar. Es ist eine Aufteilung im Nebeneinander der Bildsegmente auf der Oberfläche, die sich zum Bildrand parallelisiert und sich als eine „mauermäßige Geschlossenheit" (ebd., S. 94) manifestiert. In der flächenhaften Relationierung von Bildsegmenten lassen sich zwei Strategien ausweisen, um Gewichtungen der Aufmerksamkeiten auf einzelne Bildsegmente zu erzeugen: Einerseits wird die Aufmerksamkeit durch die Anordnungen von Segmenten entlang horizontaler und/oder vertikaler Achsen im Bild erhöht und insbesondere in Variationen der Symmetrie auf den Schnittpunkt bzw. die Schnittachse potenziert. Andererseits lassen sich auch Dominanzverhältnisse durch differente Größenverhältnisse von Bildsegmenten erzeugen.

Die Tiefe durchbricht die Fläche und ordnet Bildsegmente „in den Beziehungen der vorderen und hinteren Teile" (ebd.). Die Komposition mithilfe eines Vorder- und Hintergrundes erweitert den Möglichkeitsraum der Gewichtung von Bildsegmenten: So können vordergründige Bildsegmente den Betrachter:innen dominant vorgestellt und dahinter positionierte Segmente marginalisiert und erst

bei genauerer Betrachtung entdeckt werden. Über die systematische Tiefendarstel-
lung als räumliche Ordnung hinaus, eröffnet sich auch die Option einer ikonischen
Kontextualisierung. Der Kontext existiert wie ein Bühnenbild als Tiefenmotiv,
das die kulturhistorische, zumindest zeiträumliche Einbettung der Segmente im
Vordergrund markiert.

Und auch hier wieder die Gegenüberstellung der differenten Relationierungen:
„Dort ein Wille zur Fläche, der das Bild in Schichten bringt, die parallel zum
Bühnenrand stehen, hier die Neigung, dem Auge die Fläche zu entziehen, sie zu
entwerten und unscheinbar zu machen, indem (…) der Beschauer zu Bindungen
nach der Tiefe hin gezwungen wird" (ebd., S. 93)

Die Geschlossenheit und die Offenheit

Die Geschlossenheit einer ikonischen Sinnordnung bemisst sich an der Stringenz
der (geo-)metrischen Bildordnung, da „die geschlossene Form den Inhalt so präsentiert, als ob alle Relationen der Teile untereinander nach einem Kalkül gewählt
worden sind" (Wiesing 2008, S. 99). Die Geschlossenheit wird mit „tektonischen
Mitteln" (Wölfflin 1915/2004, S. 147) erzeugt, die sich in Regelmäßigkeiten (nicht
zu verwechseln mit Regelhaftigkeiten, vgl. Abs. 2.1) und Bestimmbarkeiten der
Segmentrelationen ausformen. So etwa durch eine:

- Festsetzung von rasterförmigen Linienschemata im „Netz des Vertikalismus
  und Horizontalismus" (ebd., S. 149);
- strenge Gesetzlichkeit von Schließungen durch die selbstreferentiell sich wie-
  derholenden Relationen in den Variationen der Symmetrie (vgl. Wade 2006);
- fraktal-geometrische Setzungen strenger Parallelisierung zwischen den Ausformungen des Bildrahmens, der Gesamtkomposition und Bildsegmente (vgl.
  Mandelbrot 1991);
- explizite Anordnung und Begrenzung von Darstellungen entlang geometrischer
  Grundformen und in potenzierter Konzentration auf eine Mitte (vgl. Arnheim
  1996).

Geschlossenheit wird somit durch eine prägnante musterförmige Vorstrukturierung
der Leitbahnen des Blicks erzeugt, die Bedeutungsmannigfaltigkeit reduziert und die
Betrachter:innen in eine gewisse Rezeptionspassivität versetzt. „Grenze, Ordnung,
Gesetz" (Wölfflin 1915/2004, S. 159) bedingen eine Sicherheit und Orientierung
des Bildverstehens. Auch forschungspraktisch lassen sich solche Bilder leichter
rekonstruieren, denn die „geschlossene Form ist die Form bei der die Relationen
der Formteile zueinander auf einen Begriff gebracht werden können: Man kann bei

dieser Bildform sagen, die Teile stehen symmetrisch zueinander, die Teile zeichnen ein Dreieck ein, die Teile bilden ein Quadrat oder ähnliches. Für die Komposition gibt es sprachliche Gestaltausdrücke" (Wiesing 2008, S. 100).

Die Offenheit als Relation im Bild als „atektonischer Stil" (Wölfflin 1915/2004, S. 159) ist durch einen unregelmäßigen Rhythmus und unbestimmbare Begrenzungen gekennzeichnet. Diese offene Darstellungsform stellt „den Inhalt in einer Weise dar, als ob die Anordnung der Teile dem Zufall überlassen worden ist" (Wiesing 2008, S. 99). Übergänge und Bildsegmente selbst präformieren keine klaren Leitbahnen des Blicks, es ist vielmehr ein kontingentes Fließen und amorphes Stroposkopen. Entsprechend sind solche Bilder eine rekonstruktive Herausforderung. Ihre ikonische Botschaft ist die Negation von musterförmigen Leitbahnen des Blicks, denn „bei der offenen Form stehen die Formen des ästhetischen Objekts (…) in keiner begrifflich fassbaren Beziehung zueinander; eine Komposition ist folglich weniger vorhanden oder zumindest nicht streng" (ebd., S. 100). Gerade also dann, wenn sich Schwierigkeiten zeigen, die Anschauungsformen durch Linieneinträge zu protokollieren, ist das keineswegs ein Indiz dafür, dass die Methode an eine Grenze stößt. Vielmehr zeigt sich dann, dass sich die Blickbewegungen aufgrund der offenen Form linear nicht bestimmen lassen, weil der präformierte Bedeutungsspielraum polymorph ist: „Das Bedeutsame der Form ist nicht das Gerüste, sondern der Atemzug, der das Starre in Fluss und Bewegung bringt" (Wölfflin 1915/2004, S. 159).

In der Gegenüberstellung der geschlossenen und offenen Relationenlogik formuliert Wölfflin (ebd.): „Dort sind es Werte des Seins, hier Werte der Veränderung. Dort liegt die Schönheit im Begrenzten, hier im Unbegrenzten".

Die Vielheit und die Einheit

Die Vielheit als Anschauungskategorie verweist auf das Vorhandensein differenter Bildsegmente, die jeweils auch für sich eine bedeutungsgenerierende Geltung haben. Vielheit als logische Relation wird also dort angenommen, „wo das Einzelne, eingebunden in das Ganze, doch als unabhängig funktionierendes Glied empfunden wird" (ebd., S. 187). Solche Bildsegmente können durchaus auch in einem harmonischen Zusammenspiel relationiert werden und bilden doch im Sinne dieser Kategorie keine Einheit.

Die Einheit als formale Relationslogik eines Bildes bezeichnet das Vorhandensein eines „dominierenden Gesamtmotivs" (ebd., S. 185), dem alle Segmente untergeordnet sind. Die Aufmerksamkeit geht umfassend in dem ornamentalen Ausdruck des Bildes auf. In der Komposition funktionieren „die Teile als freie Glieder eines Organismus" (ebd., S. 186). In der Einheit wird damit „das Einzelne als notwendiger Teil des Ganzen" (ebd.) qualifizierbar.

Deutlich wird, dass die Vielheit und Einheit und damit die bedeutungsgenerierende (Un-)Selbstständigkeit der Teile immer mit Bezug auf das Ganze gedacht wird (vgl. Wiesing 2008, S. 100). Insofern ist es nur konsequent, den Gegensatz von Vielheit und Einheit, begrifflich genauer als Gegensatz zwischen einer „vielheitlichen Einheit und einheitlichen Einheit" (Wölfflin 1915/2004, S. 216) zu spezifizieren.

Die Klarheit und die Unklarheit

Bei dem relationenlogischen Gegensatz von Klarheit und Unklarheit besteht zwar eine starke Nähe zu dem, was bereits bei der Gegenüberstellung von Malerischen und Linearen beschrieben wurde, denn „bei einem klaren Bild kann man die Teile als Elemente festlegen, bei einem unklaren Bild ist dies unmöglich, weil die Formelemente durch fließende Übergänge miteinander verschmelzen" (Wiesing 2008, S. 101). Dennoch zeigt sich ein Potenzial diese Kategorie extra aufzuführen, weil sie darüber hinaus ein weiteres bedeutungsgenerierendes Moment anzeigt:

Die Klarheit als „absolute Klarheit" (Wölfflin 1915/2004, S. 229) zielt auf eine imitative Bilddarstellung und also auf den Versuch der Abbildung einer Wirklichkeit. Das Bild ist demnach klar dem Indizienparadigma unterstellt (vgl. Krämer 2007, auch Abs. 2.2.1): hier wird „grundsätzlich der Schein vermieden, als ob das Bild für die Anschauung zurechtgemacht sei und jemals ganz in Anschauung aufgehen könne. Ich sage: es ist der Schein vermieden, in Wirklichkeit ist natürlich noch das Ganze auf den Beschauer und seine Augenbedürfnisse berechnet" (Wölfflin 1915/2004, S. 229).

Die Unklarheit als „relative Klarheit" (ebd., S. 229) ist dagegen an dem Entzugsparadigma ausgerichtet (vgl. Krämer 2007, auch Abs. 2.2.1): es ist „eine Klarheit des Unklaren" (Wölfflin 1915/2004, S. 230). Die empirische Evidenz der Bilddarstellung wird negiert oder lässt einen solchen Bezug, wie etwa bei Silhouetten, unbestimmt (vgl. ebd., S. 231). Unklare Relationenlogiken verweisen demnach auf einen „unaufgeklärten Rest" (ebd.) und bestimmen die Bilddarstellung als unbestimmt.

Relationenlogische Bildgesetze

Der Frage, inwiefern sich in der relationenlogischen Verschränkung der Anschauungskategorien systematisch eine Typologie von Formenalgorithmen formulieren lassen, ist Wiesing (2008) weiterführend nachgegangen. So formuliert er zwei zentrale Algorithmen (ebd., S. 102f.):

- „Jede Darstellung mit linearen Übergängen ist in ihren syntaktischen Relationen flächenhaft, geschlossen, vielheitlich und klar."

- „Jede Darstellung mit malerischen Übergängen ist in ihren syntaktischen Relationen tiefenhaft, offen, einheitlich und unklar"

Auch wenn diese exemplarische Dichotomiesetzung von Formenalgorithmen aus der Sicht der Autor:innen verkürzt ist, weil sie in der Gefahr steht, die empirische Mannigfaltigkeit von Formenalgorithmen vorschnell auszuschließen, teilen wir die Annahme: „Die relationalen Eigenschaften des Bildes stehen in einem logischen Zusammenhang" (ebd., S. 103).

4.1.2 Erster Rekonstruktionsfokus: Komposition der Blickordnung

Erstellung von Anschauungsprotokollen zur Komposition

Voraussetzungsreiche Grundlage auch für die weiteren Schritte der Formenanalyse ist die Erstellung eines Anschauungsprotokolls. Dieser Schritt ist vergleichbar mit dem Verfassen einer Transkription auf der Grundlage eines aufgezeichneten Interviews. Bei der Protokollierung werden „Leitbahnen der Anschauung" (Imdahl 1996a, S. 48) sichtbar gemacht, die bei der Bildbetrachtung bedeutungsgenerierend sind. Das sind nicht immer die manifesten Umrisse von Bildsegmenten, denn geradeso können auch Leerstellen sowie Zwischenräume oder Relationen von einem markanten Punkt in einem Bildsegment zu einem anderen die Bildanschauung präformieren. Die Relationenparameter der Komposition werden über den Eintrag von Feldlinien sichtbar gemacht, die „teils als reale Konturen und teils als ideale, nur Richtungen anzeigende Linien – in der Gegenständlichkeit der Darstellung angelegt" (Imdahl 1996b, S. 447) sind.

Forschungspraktischer Hinweis: Für die Erstellung von Anschauungsprotokollen empfehlen wir für alle beteiligten Teilnehmer:innen an der Rekonstruktion einen Ausdruck des Bildes, transparente Folien und etwa vier verschiedenfarbige Folienstifte bereitzustellen. Bestenfalls sollten Folienstifte der Variante non-permanent und also abwaschbare verwendet werden, so dass Korrekturen möglich und die Folien erneut verwendet werden können. Gleichsam sind ein Glas mit Wasser und Papiertücher bereitzustellen, so dass Korrekturen während des Feldlinieneintrags vorgenommen werden können. Für den Feldlinieneintrag zur Sichtbarmachung der Bildkomposition wird eine Folie auf das Bild gelegt. Damit sich Folien auf den Bildern nicht verschieben und im weiteren Rekonstruktionsprozess weitere Anschauungsprotokolle (zur Choreographie und Perspektivität) passgenau übereinandergelegt werden können, ist es hilfreich, die Ecken des Bildes auf der Folie durch Punkte zu markieren.[7]

Die identifizierten Leitbahnen des Blicks werden nun durch Feldlinien protokolliert. Das heißt, sie werden durch Eintragungen von Feldlinien auf der Folie sichtbar gemacht. In einem ersten Zugang braucht es hier noch keine Mehrfarbigkeit. Vielmehr sollten erst einmal die dominanten kompositorisch präformierten Blickordnungen erfasst werden. Dabei werden in der Regel prägnante Leitbahnen deutlich und andere, die eher zweit- oder drittrangig sind. Die Dominanz der Leitbahnen kann durch starke, die eher untergeordneten durch dünnere Linienführungen sichtbar gemacht werden. Der Prozess wird jedoch erleichtert, wenn eine Sparsamkeitsregel angewendet wird und dominante und nachrangige Leitbahnen des Blicks auf getrennten Folien protokolliert werden.

Instruktiv ist nun, die Anschauungsprotokolle aller Rekonstruktionsteilnehmer:innen von der Bildunterlage zu nehmen, nebeneinanderzulegen und nach ähnlichen Einträgen zu gruppieren. Formähnliche Protokolle können schließlich übereinandergelegt werden. Dies ist hilfreich, um die Linieneinträge mit den größten Übereinstimmungen zur Anschauung zu bringen. Solche Übereinstimmungen können als empirische Evidenz der protokollierten Formenrelationen ausgewiesen werden. Differenzen müssen kommunikativ begründet und Anschauungsarten also verteidigt oder ggf. korrigiert werden. Am Ende dieses Prozesses wird ein Protokoll der Formenphänomene erstellt, die sich im Wechselspiel der Anschauungen aller Beteiligten bewährt haben. Ab diesem Zeitpunkt ist das nun vorliegende Anschauungsprotokoll der Komposition zentrale Grundlage der weiteren Formenanalyse!

Forschungspraktischer Hinweis: Das Anschauungsprotokoll, das die Formenrelationen des Bildes aus der Sicht der Teilnehmer:innen evident zur Darstellung bringt, ist ggf. für die Ergebnisdarstellung noch einmal sauber aufzubereiten.

---

7   Versuche, in dieser Phase der Erstellung von Anschauungsprotokollen digitale Bildbearbeitungsprogramme zu verwenden, haben sich bisher nicht bewährt. Zu sehr wird der konzentrierte visuell-haptische Prozess des Feldlinieneintrages empfindlich durch technische Schwierigkeiten gestört, etwa bei Korrekturen. Zudem ist ein schnelles Übereinanderlegen von gleichzeitig durch die Teilnehmer:innen erstellten Protokollen schwierig. Es bleibt offen, inwiefern die zunehmende Entwicklung von digitalen Kompetenzen und Technologien diese Hürden minimieren.

Es sollte für die Nachvollziehbarkeit des Rekonstruktionsprozesses (vgl. Fallbeispiele in den Kap. 5-7) sowohl auf dem Bild liegend als auch ohne Bildunterlage eingescannt werden.[8] Für die weitere Rekonstruktion ist das Anschauungsprotokoll nun für alle Teilnehmer:innen zu vervielfältigen, um in einem nächsten Schritt die explizierten Formenrelationen deskriptiv-analytisch zu bestimmen. Dazu empfehlen wir, das Bild selbst erst einmal zur Seite zu legen, so dass keiner ‚verführt' wird, bei den folgenden formenanalytischen Schritten auf die Darstellungsinhalte des Bildes Bezug zu nehmen.

Nun folgt die Bedeutungsrekonstruktion des Anschauungsprotokolls der Bildkomposition. Voraussetzungsreiche Grundlage dafür ist, die Formenphänomene entlang der Anschauungskategorien (vgl. dazu Abs. 4.1.1) deskriptiv zu bestimmen. Im Einstieg dazu empfiehlt es sich die Gesamtkomposition entlang der kategorialen Spannung von Einheit und Vielheit zu betrachten!

So kann die Sinnordnung einer Gesamtkomposition eines Bildes sowohl durch einen homogenen Formenalgorithmus (vgl. Fallbeispiele 1, 2 in Kap. 5 und 6) als auch durch differente Formenalgorithmen (vgl. Fallbeispiel 3 in Kap. 7) gekennzeichnet sein: Homogene Gesamtkompositionen sind durch ein Kontinuum als Einheit gekennzeichnet, folgen also einem Muster der Periodizität und/oder des Ornamentes. Die Bildsegmente werden durch einen singulären Formenalgorithmus angeordnet (Kuhn 1980, S. 36). Dazu in Differenz kann die Gesamtkomposition auch durch algorithmische Vielheiten ausgeformt sein.

Im Verhältnis zu den dominanten Formenalgorithmen des Bildes können darüber hinaus auch „Fundamentalüberraschungen" (Kuhn 1980, S. IX) sichtbar werden (vgl. Fallbeispiel 3 in Kap. 7). Diese Fundamentalüberraschungen stehen in Spannung zu den gesamtkompositorischen Formenalgorithmen. In dieser formenalgorithmischen Diskontinuität werden sie zu Ereignissen, die sich im Bild emergent hervortun. Die Fundamentalüberraschung ist somit ein signifikanter Ausdruck, „indem zunächst ausdrücklich ein Kontinuum hergestellt wird und dieses angesetzte Kontinuum dann unerwartet durchbrochen wird" (ebd., S. 114). Die Überraschung ist unvorhergesehen, spontan, ereignishaft. So kann eine dynamische Figur in einem statisch stabilen Formenalgorithmus ebenso wie

---

8 Bei der Aufbereitung der Anschauungsprotokolle für Veröffentlichungen wurde auch erfolgreich der Übertrag in digitale Formate vorgenommen (vgl. z. B. Böhme/Böder 2018, 2019). Hier müsste in den entsprechenden Bildbearbeitungsprogrammen der Eintrag von Linien mit Bezug auf die weiteren Rekonstruktionsfokussierungen auf verschiedenen Dokumentebenen erfolgen und getrennt gespeichert werden. In diesem Buch wird jedoch die Folienvariante vorgestellt, da diese ohne weitreichende technische Voraussetzungen für jeden praktikabel ist.

eine statische Figur in einem dynamisch-kontingenten Formenalgorithmus eine Fundamentalüberraschung sein. Wichtig ist der Kontrast!

Umsetzung von Parallelprojektionen zur Komposition

Durch Parallelprojektionen wird die Formenanalyse der Komposition eines Bildes vertieft, indem Kontextvariationen zu den Formenalgorithmen und ggf. sichtbaren Fundamentalüberraschungen vorgenommen werden. Ausgehend von dem Anschauungsprotokoll werden gezielt weitere Bilder recherchiert, die zwar unter Umständen etwas Anderes inhaltlich zur Darstellung bringen, jedoch formale kompositorische Parallelen zu den sichtbar gemachten Relationengefügen des Bildes aufweisen.

Forschungspraktischer Hinweis: Grundlage für diese weiterführende methodische Anwendung der kompositorischen Parallelprojektionen in der Formenanalyse bleibt das Anschauungsprotokoll! Dieses sollte allen Teilnehmer:innen der Rekonstruktion vorliegen. Ziel ist es, die Formenalgorithmen der Komposition(-ssegmente) mit ausgewählten Bildern zu vergleichen, die eine Ähnlichkeit in der kompositorischen Ordnung aufweisen. Dazu sollte jeder Rekonstruktionsteilnehmer:innen auf einen PC mit Internetanschluss zugreifen können, so dass gleich in der Rekonstruktionssitzung für Parallelprojektionen überzeugende Bilder recherchiert und gezeigt werden können. Solche Bilder sind sogleich in einem gemeinsamen Protokoll zu speichern, bestenfalls mit Quellenangabe, das erspart im Fall des Einbezugs bei einer Veröffentlichung eine zeitaufwendige Recherche darüber, wo das Bild entdeckt wurde.[9]

Zum Einstieg in die formenanalytischen Parallelprojektionen ist in einer freien Assoziation danach zu fragen, welche Bilder eine ähnliche Komposition, wie die protokollierten Formen und Ordnungen haben. Auf der Grundlage des Anschauungsprotokolls sind also Bilder zu suchen, die Parallelen zu dem nun sichtbar gemachten kompositorischen Formenalgorithmus aufweisen, auch wenn sich dieser in anderen Darstellungsinhalten konkretisiert. So kann sich etwa ein gerasterter Formenalgorithmus mit periodisch angeordneten Rechtecken in einer Frontalansicht eines Neubaublocks, eines Setzkastens für den Buchdruck oder einer Tabelle

---

9 Ist der Quellenverweis von einem Bild aus dem Internet nicht vorhanden, kann dieser nachträglich recherchiert werden. So gibt es in Suchmaschinen eine Rubrik namens Bildersuche. In der betreffenden Suchzeile ist ein Button platziert (etwa versehen mit einem Fotoapparat als Piktogramm). Darüber kann das betreffende Bild hochgeladen werden. Es wird dann in der Regel die Seite mit der URL-Angabe bzw. die Internetseite angezeigt, wo das Bild verlinkt ist.

aus einem Verwaltungskontext konkretisieren (vgl. dazu die Parallelprojektionen in den Fallbeispielen 1–3 in den Kap. 5–7). Dass solche formalen Kontextvariationen aufschlussreich sind, begründet sich in der Annahme der Morphologischen Hermeneutik, dass sich allgemeine Sinnformen zwar in gänzlich differenten Ausdrucksgestalten konkretisieren können, deren Bedeutungsspielraum jedoch eine Gemeinsamkeit aufweist.

Insofern besteht eine wesentliche Herausforderung bei diesem methodischen Schritt darin, streng von den kompositorischen Formenrelationen ausgehend, vergleichbare Bilder zu recherchieren. Unterstützend ist dabei, wenn dazu nur das Anschauungsprotokoll herangezogen wird. Denn bei den Parallelprojektionen geht es gerade darum, NICHT vergleichbare Bilder entlang der inhaltlichen Kategorien des Originalbildes und seinem Phänomensinn zu assoziieren, sondern dabei soweit wie möglich auf die formale Komposition der Sinnordnung Bezug zu nehmen. Bei den Parallelprojektionen als formenanalytischer Anwendung ist demnach zentral, sich gegenüber den Darstellungsinhalten des Originalbildes künstlich zu befremden.

Bei der Kontrastierung formalgorithmisch differenter Bilder (vgl. Fallbeispiel 1 und 2 in Kap. 5 und 6) oder Bildsegmente (vgl. Fallbeispiel 3 in Kap. 7) empfiehlt sich folgendes Vorgehen: in einem ersten Schritt sollte jeweils getrennt explorativ eine Bildauswahl entlang formenrelationaler Ähnlichkeiten vorgenommen werden. Die nun vorliegenden Bilder sollten dann in einem zweiten Schritt nach Kategorien codiert und sortiert werden. Schließlich sind in einem dritten Schritt noch gezielt Bilder zu recherchieren, sodass abschließend für jedes Originalbild mindestens eine Parallelprojektion je Kategorie vorliegt (vgl. Anlage 1: Formenanalytische Parallelprojektionen – Beispiel Frisuren).

Eine zentrale Frage ist, inwiefern für kompositorische Parallelprojektionen ausgewählte Bilder auch bearbeitet werden können, so dass ihr Evidenzanspruch in der gemeinsamen Anschauung erhöht werden kann. In der bisherigen Praxis hat sich etwa gezeigt, dass es durchaus hilfreich sein kann, einzelne Bildteile auszuschneiden, in denen der gesuchte formale Relationenparameter der Komposition sichtbar wird. Auch können Bilder in den Größenverhältnissen und Seitenansichten den Formenrelationen des Anschauungsprotokolls angepasst werden, wenn sie dadurch nicht sinnentfremdet werden.

Liegen in einer Studie eine größere Zahl von Bildern als Datengrundlage vor, so sind nach formenalgorithmischen Ähnlichkeiten Serien zu bilden (vgl. Anlage 2: Formenanalytische Serienbildung – Beispiel Buchcover Pionierkalender der DDR). Von diesen formenalgorithmischen Bildserien ist dann jeweils ein Bild exemplarisch auszuwählen und in der hier vorgestellten Schrittfolge gemäß der Morphologischen Bildhermeneutik zu rekonstruieren. Bilder, die keiner Serie zu-

zuordnen sind, verweisen auf Transformationen im Bedeutungswandel und sind ggf. als Einzelbilder für eine Analyse gesondert aufzugreifen.

4.1.3 Zweiter Rekonstruktionsfokus: Choreographie der Blickbewegung

Richtet der erste Rekonstruktionsfokus die Aufmerksamkeit auf die Komposition eines Bildes als räumlicher Parameter eines Formenalgorithmus, so wird nun im zweiten Rekonstruktionsfokus die Choreographie als zeitlicher Parameter des Formenalgorithmus in das Zentrum der Formenanalyse gerückt. Bei der choreographischen Formenanalyse werden die räumlichen Ordnungsrelationen der Komposition in der Zeitdimension betrachtet. Die zeitliche Ordnung choreographiert die Blickbewegung: ihre Richtung, ihre Dynamik, ihren Rhythmus. Die forschungspraktische Sichtbarmachung der formalen Choreographie des Bildes geht von den bereits kompositionsanalytisch herausgestellten Formenrelationen aus. Die protokollierten Feldlinien werden nun zur Sichtbarmachung der Choreographie als Vektoren, Intensitäten und Takte konkretisiert.

Forschungspraktischer Hinweis: Zur Umsetzung dieses Schrittes bedarf es der Bereitstellung derjenigen Hilfsmittel, die für die Erstellung des kompositorischen Anschauungsprotokolls aufgeführt wurden (vgl. dazu Abs. 4.1.2). Forschungspraktisch konkret wird das Anschauungsprotokoll zur Bildkomposition erneut auf das Originalbild gelegt und darauf wiederum eine neue Folie. Auf dieser werden wieder die Bildecken markiert, um eine Verschiebung zu vermeiden. Mit einer neuen Stiftfarbe werden nun die zentralen kompositorisch relevanten Feldlinien noch einmal nachgezeichnet. Dann erfolgt erneut im Modus Operandi des morphischen Sehens eine Anschauung der choreographischen Formenrelationen. Blickrichtungen werden durch den Eintrag von offenen Pfeilspitzen angegeben. Die Blickdynamik ist durch Linienverstärkungen anzuzeigen und zwar so, dass eine Verstärkung der Linie für eine Zunahme der Intensität der Blickdynamik steht. Die Blickrhythmik wird durch den Eintrag von taktgenerierenden Strichen oder Punkten angegeben.

Blickrichtung

Feldlinien wurden bereits als „Leitbahnen des Blicks" (Imdahl 1996b, S. 447) ausgewiesen. Sie präformieren auch die Richtung der Blickbewegung: „Im Rahmen unserer Betrachtung ist ein Vektor eine Kraft, die von einem Energiezentrum pfeilähnlich in eine bestimmte Richtung ausgeschickt wird" (Arnheim 1996, S. 15). Zwei Grundfiguren lassen sich hier als Pole hervorheben, die in der Kombination ein mögliches Spektrum der Choreographie von Blickrichtungen begründen (vgl. ebd., S. 24).

Erstens das Muster der Strahlensonne (vgl. ebd., S. 15f.): Hier lässt sich ein meist punktförmiges Zentrum markieren, von dem eine „Vielzahl von Vektoren" (ebd., S. 15) ausgeht, die in ihrer Ausdehnung idealtypisch unendlich sind. So ist etwa eine strahlende Sonne durch ein solches choreographisches Formenprinzip der Blickrichtung gekennzeichnet. Aber es gibt auch die Umkehrung, wo der Blick von außen in die mittige Tiefe eines Fluchtpunktes geleitet wird. Die Blickrichtung ist sowohl von dem (Dominanz-)Verhältnis zwischen Zentrum (Punkt) und Vektor (Linie) abhängig als auch davon beeinflusst, inwiefern die strahlenförmigen Vektoren eine Platzierung weiterer Bildsegmente nicht nur in der Fläche, sondern auch der Raumtiefe präformieren.

Zweitens das Muster des Gitters (vgl. ebd., S. 19): In dieser Komposition werden punktförmige Zentren so angeordnet, dass ihre horizontalen und vertikalen Vektoren jeweils auf ein anderes Zentrum auftreffen. Sind jedoch die Zentren gleichwertig, generieren sie ein exzentrisches Kräftefeld ohne Mitte, wie etwa bei einem Schachbrett. Die Blickrichtung wird so entdynamisiert. Bei Linienausdehnungen zwischen zwei Punkten, die in einem Dominanzverhältnis stehen, kann die Blickrichtung, in Abhängigkeit von der Gesamtkomposition, kontingent beeinflusst werden.

Blickdynamik

Bei der Choreographie werden nicht nur die Blickrichtungen koordiniert, vielmehr werden die räumlichen Relationen durch „Zeitabfolgen" in Bewegung versetzt, so dass „ihre Struktur durch das exzentrische Prinzip von Vektoren, die in eine bestimmte Richtung verlaufen, beherrscht wird" (ebd., S. 231). Damit wird deutlich, dass die Blickrichtung in den Koordinaten unten-oben, links-rechts, vorn-hinten mit der Blickdynamik in der Spannung von Dynamisierung und Fixierung korrespondiert. Damit verbunden sind differente Geschwindigkeiten. Die Dynamisierung kann als Be- oder Entschleunigung ausgeformt sein. Aber auch das Spuren des Blicks in einer gleichförmigen Geschwindigkeit ist als Variante denkbar. Die Fixierung dagegen ist eine Stillstellung des Blicks auf einen Punkt.

Blickrhythmus

„Jede methodische Erfassung des Bildes (…) muss unvollständig bleiben, spart sie die Dimension des Rhythmischen aus" (Dittmann 1984, S. 204). Rhythmus meint nun aber nicht nur eine Wellenbewegung und also eine kontinuierliche Zeitordnung. Vielmehr ist Rhythmus mannigfaltiger zu verstehen, denn: „Es ist, besonders im Bereich des Elementaren, nebensächlich, in welchen Maßen sich das Rhythmische darstellt, wesentlich ist, dass sich das Wechselspiel seiner Bewegungsphasen sinnfällig artikuliert, das Wechselspiel betonter und unbetonter, bewegter und ruhender, steigender und fallender" (Seidel 1976, S. 13). Gemeint sind demnach zeitliche Ordnungen, die nicht nur periodisch getaktet sind, sondern auch eine „Diskontinuität rhythmischer Bewegungen" (Dittmann 1984, S. 195) aufweisen. Insbesondere Kuhn (1980) weist darauf hin, dass diskontinuierliche Bildrhythmiken den Blick in einen Fluss bringen. Dagegen werden durch kontinuierliche Rhythmen die Blickbewegungen stärker präformiert. So lassen sich demgemäß Verhältnisbestimmungen von raumzeitlichen Formenrelationen im maximalen Kontrast denken: einerseits jene gekrümmt-asymmetrischen Raumordnungen, welche die Zeit genetisch dynamisieren; andererseits jene gerichtet-symmetrischen Raumordnungen, die Zeit als metrisches System statisch fixieren.

Zu unterscheiden ist bei der Analyse der „Gesamtrhythmus einer Komposition", der Rhythmus eines Bildsegmentes oder der „Rhythmus einer Figur" (ebd., S. 111). Denn gerade bei einer kompositorischen Fundamentalüberraschung können die rhythmischen Ordnungen zwischen Segment und gesamtkompositorischen Rhythmus eine interferierende Resonanz erzeugen.

4.1.4 Dritter Rekonstruktionsfokus: Perspektivität der Blickpositionierung

Bei der formenanalytischen Rekonstruktion der Blickbewegung ist in einem dritten Fokus die Aufmerksamkeit auf die Perspektivität zu richten. Damit soll die rezeptionsästhetische Formenrelation der Werk-Betrachter:innen-Beziehung zur Anschauung gebracht werden, die durch die kompositorische und choreographische Ordnung des Bildes hervorgebracht wird. Denn, „die Betrachter sind immer schon im Bild – vorgesehen, im wörtlichen Verstand" (Kemp 1992, S. 10).[10] Der hier vorgestellte Ansatz geht demnach davon aus, dass die raumzeitlichen Formenre-

---

10 Daran schließt auch die Annahme von Bollnow (1971/2010) an, dass räumlichen Ordnungen anthropologische Entwürfe immanent sind, die hier um eine zeitliche Perspektive erweitert werden.

lationen eines Bildes somit das Betrachtersubjekt konstituieren (vgl. ebd., S. 24). Die Betrachter:innen werden demnach idealtypisch zum Bild positioniert, indem Formenrelationen eine Rezeptionsposition adressieren (vgl. ebd., S. 23f.).

Forschungspraktischer Hinweis: Das bisherige Verfahren wird fortgesetzt (vgl. Abs. 4.1.2 und 4.1.3), indem auf das Originalbild die Folien mit den Anschauungsprotokollen der Komposition und Choreographie gelegt werden und nun ein idealtypischer Blickpunkt gesucht wird. Dieser wird auf einer neuen Folie mit einer weiteren Farbe eingezeichnet.

Der Begriff der Perspektivität wird hier nach Panofskys (1980) Verständnis als eine „Durchsehung" (ebd., S. 99) verstanden, indem „ich das Sehzentrum als einen Punkt behandle und mit den einzelnen charakteristischen Punkten des darzustellenden Raumgebildes verbinde" (ebd.). Die relative Lage dieser „Sehstrahlen" ist in folgenden Schritten sichtbar zu machen: „der Grundriss ergibt mir die Breitenwerte, der Aufriss die Höhenwerte, und ich habe diese Werte nur auf einer dritten Zeichnung zusammenzuziehen, um die gesuchte perspektivische Projektion zu erhalten" (ebd.). Diese methodische Beschreibung lässt sich allerdings nur auf Bilder forschungspraktisch anwenden, die zeiträumliche Ordnungen mit einem Fluchtpunkt aufweisen. Gerade hier korrespondieren die zentralperspektivischen Leitbahnen des psychophysiologischen Sehraums mit dem mathematisch konstruierbaren Fluchtachsenprinzip. In diesem Fall ist eine eindeutige Bestimmung des Blickpunktes und damit der Betrachter:innenpositionierung durch die Sichtbarmachung dieser Sehstrahlen möglich.

Dazu in Differenz erweisen sich Betrachter:innenpositionierungen, die durch diskontinuierliche Formenrelationen adressiert werden und nicht durch solche Sehpyramiden bestimmbar sind. Diese, so Panofsky, kennzeichnen gerade moderne Raumkonstruktionen im Bild, für die eine „Zersetzung der perspektivischen Idee" (ebd., S. 111) kennzeichnend ist. So können mit Bezug auf „Partialebenen" (ebd., S. 117) differente Blickpositionierungen angemessen sein und entsprechend eine Bedeutungsmannigfaltigkeit des Bildes freisetzen: „die Richtungs- und Entfernungs-Willkür des modernen Bildraums bezeichnet und besiegelt die Richtungs- und Entfernungs-Indifferenz des modernen Denkraums" (ebd., S. 125). Der „Sehkegel" des homogenen Bildraums wird durch ein „geometrisches Strahlenbündel" des isotropen Sehraums ersetzt (ebd.). Räumlich können damit die Betrachter:innen durch das Bild different positioniert werden nach der Prämisse: „das Kunstwerk schickt seine eigenen Vektoren aus, die den Betrachter anziehen und beeinflussen" (ebd., S. 49).

4.2   Gestaltanalyse: Rekonstruktion der lebenspraktischen Ausdrucksgestalten von Formenalgorithmen

Bei der Gestaltanalyse wird nun der Fokus auf die Manifestationen der rekonstruierten formenalgorithmischen Sinnordnung eingestellt. Damit wird in der Rekonstruktion nun die Frage danach, WAS im Bild dargestellt ist, zentral. Dabei sollte folgendes Vorgehen umgesetzt werden:

▶ Erster Rekonstruktionsschritt: Verhältnissetzung von Formenrelationen und Phänomensinn (vgl. Abs. 4.2.1)
▶ Zweiter Rekonstruktionsschritt: Gestaltanalytische Parallelprojektionen zum ausgeformten Phänomensinn (vgl. Abs. 4.2.2)

4.2.1   Erster Rekonstruktionsschritt: Verhältnissetzung von Formenrelationen und Phänomensinn

Beim Einstieg in die Gestaltanalyse ist der Modus Operandi eines wiedererkennenden Sehens umzusetzen (vgl. Abs. 3.2). Dabei werden die Ausdrucksgestalten der Bildgesamtheit in einer vorikonographischen Anschauung erfasst und beschrieben. ‚Was sehe ich auf dem Bild?‘, ist hier die zentrale Frage und kann selbst nur in Form einer Interpretation beantwortet werden. Die begriffliche Erfassung der Bilddarstellung ist die von Panofsky (1978) beschriebene Überführung des Tatsachensinns in einen Phänomensinn. Um den Phänomensinn weiter zu profilieren, ist darüber hinaus erforderlich, alles deskriptive Wissen zu den Darstellungsinhalten des Bildes auszuführen.

Die Explikation des Phänomensinns ist in der Morphologischen Bildrekonstruktion jedoch keine beliebig vorzunehmende Bildbeschreibung! Vielmehr wird die gestaltanalytische Deskription der Ausdrucksgestalten streng an den herausgearbeiteten Formenrelationen orientiert. Wie geht das? Wurde ein dominanter Formenalgorithmus für die Bildgesamtheit rekonstruiert (vgl. Fallbeispiel 1 und 2 in Kap. 5 und 6), so wird nun danach gefragt, in welchen Ausdrucksgestalten sich dieser konkretisiert.

Beispielhaft im Fall 1 (vgl. Kap. 5) ist auf dem Bild eine Gruppe von Menschen dargestellt, die hintereinander in Reihe laufen. Beispielhaft im Fall 2 (vgl. Kap. 6) lässt sich auf dem Bild eine Gruppe von Menschen identifizieren, die im Kreis tanzen. Anders ist die Explikation des Phänomensinns zu strukturieren, wenn bei der Formenanalyse, wie etwa im Fall 3 (vgl. Kap. 7), zwei Bildsegmente mit differenten Formenalgorithmen und eine Fundamentalüberraschung sichtbar gemacht wurden. Hier sind diese Segmente jeweils einzeln dahingehend zu betrachten, in welchen Ausdrucksgestalten sich die jeweiligen Formenrelationen konkretisieren. Es kann bei einer solchen komplexeren Gestaltanalyse erleichternd sein, die different zu betrachtenden formenanalytischen Bildsegmente auszuschneiden. Liegt eine deskriptiv-kategoriale Beschreibung des Gesamtbildes und/oder der Bildcluster vor, folgt der nächste Schritt.

Der nun explizierte besondere Phänomensinn des Bildes, ist nun mit der allgemeinen Bedeutung der Formenalgorithmen interpretativ zu verknüpfen. Beispielhaft im Fall 1 (vgl. Kap. 5) lässt sich das kollektive Bewegungsmuster der Menschen ausweisen als rasterförmig relationiert (Komposition), auf Territorialisierung ausgerichtet (Choreographie) und die Betrachter:innen ausgrenzend (Perspektivität). Beispielhaft im Fall 2 (vgl. Kap. 6) konkretisiert sich ein kollektives Bewegungsmuster, das auf soziale Schließung (Komposition) durch die Konzentration auf eine sinnstiftende Mitte (Choreographie) ausgerichtet ist und ebenso die Betrachter:innen als generalisierende Andere ausgrenzt (Perspektivität).

Es wird deutlich: Ergebnis dieses Rekonstruktionsschrittes sind bereits weitreichende Hypothesen zur Bedeutung des Bildes, die allerdings an dieser Stelle nur schlaglichtartig ausgeführt wurden (vgl. dazu weiterführend Kap. 5–7).

4.2.2 Zweiter Rekonstruktionsschritt: Gestaltanalytische Parallelprojektionen zum ausgeformten Phänomensinn

Um die Bedeutung der Ausdrucksgestalten weiterführend zu erschließen, sind nun Parallelprojektionen vorzunehmen.

Die Parallelprojektion wurde bereits als methodische Anwendung im Rahmen der Formenanalyse vorgestellt (vgl. Abs. 3.3 und 4.1). Bei der gestaltanalytischen Parallelprojektion werden nun aber andere Kriterien geltend gemacht, die die Auswahl von familienähnlichen Bildern betreffen. Waren bei der formenanalytischen Parallelprojektion Bilder mit familienähnlichen Formenrelationen zu recherchieren, ist nun bei Parallelprojektion im Rahmen der Gestaltanalyse der deskriptiv-kategorial explizierte Phänomensinn zentrales Kriterium.

Wurde etwa für den Fall 1 der ausgeformte Phänomensinn nun als eine marschierende Gruppe von Menschen spezifiziert, ist nun für die Auswahl von Bildern bei der Parallelprojektion die Frage zu stellen: In welchen Kontexten finden wir solche kollektiven Formationen? Hier lassen sich etwa Parallelprojektionen zu Modeschauen oder zu militärischen Paraden aufzeigen (vgl. Abs. 5.2.2). Wurde im Fall 2 der ausgeformte Phänomensinn als eine geschlossene Gruppe im Kreistanz identifiziert, so lassen sich etwa familienähnliche Bilder zu Reigentänzen finden (vgl. Abs. 6.2.2). Im Fall 3 ist die Lage komplexer: Die Fundamentalüberraschung lässt etwa Assoziationen mit einem Einschlag in einer Glasscheibe zu. Das Bildsegment mit dem Phänomensinn hedonistischer Sinnlichkeit verweist auf Bilder in Urlaubszeitschriften. Im Kontrast dazu, zeigt das Bildsegment mit Darstellungen technokratisch entfremdeter Verwaltungssituationen Familienähnlichkeiten zu journalistisch aufbereiteten Fotos von bürokratischen Unterwerfungsmechanismen einer Disziplinargesellschaft (vgl. Abs. 7.2.2).

Forschungspraktischer Hinweis: Auch bei dieser Parallelprojektion sind die familienähnlichen Assoziationen zum Originalbild nicht beschreibend in den Rekonstruktionsprozess einzubringen, sondern passende Bilder in Suchmaschinen zu recherchieren und für die anderen Teilnehmer:innen sichtbar zu machen. Auch hier ist eine Evidenz ausgewählter Bilder durch Anschauung herzustellen und für die Ergebnisdarstellung zu dokumentieren.

In dem letzten Schritt der Gestaltanalyse werden nun jedoch nicht nur generalisierend die formenalgorithmischen Sinnordnungen mit dem Phänomensinn der inhaltlichen Bilddarstellung verknüpft, vielmehr gilt es darüber hinaus auch die Transformationen und Brechungen der bedeutungsimmanenten Sinnformen in Ausdrucksgestalten zu rekonstruieren. Mit dieser Aufmerksamkeit wird dem Vorwurf begegnet, dass bereits in der strukturalistischen Grundannahme der Begründung von Bedeutungen einer Lebenspraxis durch die Form als Allgemeines, die damit verbundene rekonstruktive Forschungspraxis für das Besondere blind bleibt. Zwar wird davon ausgegangen, dass Formenalgorithmen jede Lebenspraxis bedeutungsgenerierend strukturieren und so einen Spielraum von Anschlussoptionen für Deutungen und Handlungen von Akteur:innen sinnlogisch als angemessen markieren. Jedoch determiniert dieser Spielraum die Lebenspraxis von Akteur:innen nicht! Vielmehr können diese zwar einerseits im Rahmen des Bedeutungsspielraums handeln, aber andererseits auch den Bedeutungsspielraum lebenspraktisch ausreizen oder transformierend aufbrechen. Gerade dieses letztgenannte Phänomen gilt es abschließend in den Blick zu nehmen:

Im Fall 1 mit dem ausgeformten Phänomensinn der marschierenden Masse interessiert nun gerade das Bildsegment, wo ein marschierendes Mädchen den Blick nicht linienförmig geradeaus richtet, sondern zur Seite schaut (vgl. Abs. 5.2.2). Im Fall 2 mit dem ausgeformten Phänomensinn der kreistanzenden Masse interessiert nun gerade, wo Akteur:innen aus dem dynamischen Bewegungsmuster auszubrechen drohen, ja zu expressiv tanzen und so die Bindung des Gesamtgefüges in Gefahr bringen (vgl. Abs. 6.2.2). Gerade hier sind Bedeutungsmomente auszumachen, die

die Bedeutungsimmanenz des Formenalgorithmus krisenhaft werden lassen, in Spannung bringen oder gar transformieren.

4.3 Überblick zu den methodischen Schritten der morphologischen Bildrekonstruktion

Die folgende tabellarische Übersicht fasst die Ausführungen zum forschungspraktischen Vorgehen des bildrekonstruktiven Verfahrens der Morphologischen Hermeneutik zusammen. Auf einem Blick soll so eine Orientierung gegeben werden, den Rekonstruktionsprozess entlang der methodischen Schrittfolgen zu strukturieren.

FORMENANALYSE

REKONSTRUKTIONS-PERSPEKTIVEN	METHODISCHE ANWENDUNGEN	HILFSKATEGORIEN, AUSWAHLKRITERIEN, HINWEISE	ERGEBNISGENERIERUNG
Komposition der Blickordnung: Erster Rekonstruktionsfokus	Erstellung eines Anschauungsprotokolls zur Komposition Umsetzung von formenbezogenen Parallelprojektionen	Hilfskategorien: Lineare/Malerische; Fläche/Tiefe; Geschlossenheit/Offenheit; Vielheit/Einheit; Klarheit/Unklarheit Auswahlkriterium: familienähnliche Formenrelationen der Blickordnung (NICHT Darstellungsinhalte des Bildes !)	• Sichtbarmachung von Formenrelationen im Bild (Anschauungsprotokolle zur Komposition, Choreographie, Perspektivität) durch morphisches Sehen • Identifikation von formenrelationalen Algorithmen (mit Bezug auf Gesamtkomposition, ggf. Bildsegmente, ggf. Fundamentalüberraschung) durch morphisches Sehen • Erschließung der Bedeutung von Formenalgorithmen im Bild über Parallelprojektionen durch morphisch-vergleichendes Sehen
Choreographie der Blickbewegung: Zweiter Rekonstruktionsfokus	Erstellung eines erweiterten Anschauungsprotokolls zur Choreographie Umsetzung von formenbezogenen Parallelprojektionen	Hilfskategorien: Blickrichtung (horizontal, vertikal, diagonal, Tiefendimension), Blickdynamik (Fixierung/Beschleunigung), Blickrhythmus (Kontinuität/Diskontinuität) Auswahlkriterium: familienähnliche Formenrelationen der Blickbewegung (NICHT Darstellungsinhalte des Bildes !)	
Perspektivität der Blickpositionierung: Dritter Rekonstruktionsfokus	Erstellung eines erweiterten Anschauungsprotokolls zur Perspektivität Umsetzung von formenbezogenen Parallelprojektionen	Hilfskategorien: Frontalperspektive, Vogelperspektive, Multiperspektivische Positionierung Auswahlkriterium: familienähnliche Formenrelationen der Blickpositionierung (NICHT Darstellungsinhalte des Bildes !)	

GESTALTANALYSE

Explikation des Phänomensinns und Verhältnissetzung zu den bereits analysierten Formenrelationen: Erster Rekonstruktionsschritt	Deskriptiv kategoriale Beschreibung der Ding- und Figurenwelt des Bildes	Bezug auf Gesamtkomposition, ggf. systematisch nach formenanalytisch explizierten Bildsegmenten und Fundamentalüberraschungen	• Explikation der Tatsachenbedeutung und des Phänomensinns des Bildes durch wiedererkennendes Sehen
	Rekonstruktion der Passungen zwischen Phänomensinn und formenalgorithmischen Bedeutungen	Identifikation des Spektrums der besonderen Konkretionen von Ausdrucksgestalten im allgemeinen präFORMierten Bedeutungsspielraum	• Interpretative Verhältnissetzung der präFORMierten Bedeutungen zum Phänomensinn der Ding- und Figurenwelt des Bildes
Gestaltanalytische Parallelprojektion zum ausgeformten Phänomensinn: Zweiter Rekonstruktionsschritt	Umsetzung von gestaltanalytischen Parallelprojektionen zum ausgeformten Phänomensinn	Auswahlkriterium: familienähnliche Ausdrucksgestalten in differenten Kontexten	• Spezifische Konkretion der formenalgorithmischen Bedeutung in den lebenspraktischen Ausdrucksgestalten, vertiefend über Parallelprojektionen durch wiedererkennend-vergleichendes Sehen

4.4   Hinweise zur Zusammenfassung der Ergebnisse und nachvollziehbaren Darstellung der Rekonstruktion

Die Darstellung der Ergebnisse einer Morphologischen Bildrekonstruktion hat sich in einer zweifachen Ausrichtung zu bewähren: Einerseits sollten sie den Anspruch einlösen, den Rekonstruktionsprozess nachvollziehbar darzustellen. Hier ist es wichtig, eine Balance zwischen Prägnanz und Detailfreudigkeit zu finden. Zentral ist, dass die empirische Evidenz sowohl der Anschauungsprotokolle als auch der Parallelprojektionen nicht allein über begriffliche Ausführungen hergestellt werden kann, sondern vielmehr über Bilder erzeugt werden muss. Andererseits ist die Explikation der Methodenanwendung zwar wichtig, um abschließend einen Geltungsanspruch für die Rekonstruktionsergebnisse zu behaupten. Aber auch hier gilt es den Rekonstruktionsprozess weder technokratisch genau abzuhandeln, noch die Methoden nur leger ,in Anlehnung' auszuführen. Hermeneutik bleibt eine Kunstlehre, jedoch sollte sowohl bei den Ergebnisgenerierungen als auch -darstellungen die Nachvollziehbarkeit, Prüfung und Vergleichbarkeit so weit wie möglich abgesichert werden.

Hinweis für die abschließende Darstellung einer morphologischen Bildrekonstruktion: Es sollte unbedingt die Schrittfolge des Rekonstruktionsprozesses erkennbar sein und hier zumindest, dass erst eine Formenanalyse und dann eine Gestaltanalyse umgesetzt wurde. Es sollte deutlich werden, dass beide Teile der Rekonstruktion ein differentes, wenn auch aufeinander bezogenes Erkenntnisinteresse haben: Das Ergebnis der Formenanalyse sollte eine These zum generalisierbaren Algorithmus sein, der die Bedeutungsparameter als Sinnordnung im Allgemeinen relationiert. Das Ergebnis der Gestaltanalyse sollte eine These zu den fallspezifischen Konkretionen des bedeutungsgenerierenden Formalgorithmus in Verknüpfung mit dem Phänomensinn der Ausdrucksgestalten aufzeigen und hierbei auch Inkonsistenzen hervorheben, die auf eine potenzielle Entstehung des Neuen in einer Lebenspraxis verweisen.

Beginnt man also sowohl bei der Rekonstruktion als auch der Darstellung der Ergebnisgenerierung mit der Formenanalyse, sollte mit der Kompositionsanalyse der Blickordnung (Erstellung eines Anschauungsprotokolls und Parallelprojektionen) begonnen werden und diesem Rekonstruktionsfokus nicht nur im Forschungsprozess, sondern auch in der Darstellung desselbigen durchaus die stärkste Aufmerksamkeit eingeräumt werden. Daran anschließend ist die Choreographie der Blickbewegung sichtbar zu machen und abschließend die Perspektivität der Blickpositionierung zu explizieren. Abhängig von der Verfasstheit der komposi-

torischen Formenrelation kann es sein, dass die Analyse der Choreographie und/
oder der Perspektivität die kompositionsanalytisch begründete Strukturhypothese
mehr oder weniger weiterführend ausdifferenziert.

Die Darstellung der Gestaltanalyse kann durchaus selektiv auf die Bildsegmente
konzentriert werden, wenn sich diese aufgrund der Formenanalyse als signifikant
begründen lassen. Auch hier sollte den Parallelprojektionen ein zentraler Stellenwert eingeräumt werden.

Insgesamt ist die abschließende Ergebnisdarstellung immer eine Herausforderung.
Denn die einen Leser:innen erwarten eher eine sehr stark ergebnisorientierte
Ausführung mit deutlichem Bezug auf die Fragestellung der Studie, andere Le-
ser:innen erwarten, dass der Rekonstruktionsprozess kleinschrittig nachvollziehbar
vorgestellt wird. Um beiden Leser:innenperspektiven zu begegnen, empfiehlt es sich
zwischen ausführlichen Darstellungsblöcken immer auch zusammenfassende Bün-
delungen der Rekonstruktionsergebnisse als Strukturhypothesen vorzunehmen,
die durch eine andere Schriftart oder markierte Rahmen hervorgehoben werden.

Fallbeispiel 1: Foto zur nationalsozialistischen Jugendorganisation „Bund Deutscher Mädel" (BDM)

5

Das erste Fallbeispiel stellt ein Foto in das Zentrum (vgl. Abb. 5.1), das für eine explorative Studie zu jugendlichen Ästhetiken im „Bund Deutscher Mädel" (BDM) ausgewählt wurde. [11]

Abb. 5.1 Originalbild – Fallbeispiel 1

---

11 Die vorgestellte Bildrekonstruktion greift die Bildauswahl einer Forschungsarbeit mit dem Titel „Jugend im Nationalsozialismus" auf, die von Amina Paßlack im Seminar „Transformation jugendlicher Ästhetik aus bildhermeneutischer Perspektive" (Leitung: Jeanette Böhme, Sommersemester 2018) im Studiengang Erziehungswissenschaft an der Universität Duisburg-Essen vorgelegt wurde. Mit Bezug auf die Rekonstruktion des Bildes wurde darüber hinaus auch das Potenzial der Morphologischen Hermeneutik für die Modellbildung in der musikpädagogischen Forschung diskutiert (vgl. Böhme/ Böder 2019).

© Springer Fachmedien Wiesbaden GmbH, ein Teil von Springer Nature 2020
J. Böhme und T. Böder, *Bildanalyse*, Qualitative Sozialforschung,
https://doi.org/10.1007/978-3-658-28622-4_5

Die Gegenstandskonstruktion wurde im konzipierten Forschungsdesign als Problemstellung wie folgt formuliert: Korporale Ordnungsbildung des Sozialen in der nationalsozialistischen Jugendorganisation „Bund Deutscher Mädel" (BDM).

5.1 Formenanalyse

5.1.1 Rekonstruktionsfokus: Komposition der Blickordnung

Erstellung des Anschauungsprotokolls zur Komposition

Beginnend mit der Erstellung eines Anschauungsprotokolls, wurde eine Folie auf das Foto aufgelegt und der Eintrag von Feldlinien als Leitbahnen des Blicks vorgenommen. Die Relationen der einzelnen Parameter in diesem Bildsegment sind durch gerichtete und also gerade Linien gekennzeichnet (vgl. Abb. 5.2, Bild 2 und 3). Gerichtete Linien sind Ausdruck einer Lebenspraxis, die auf eine Technokratisierung sozialer Prozesse durch Steuerung und Kontrolle zielt.

Abb. 5.2 Anschauungsprotokoll zur Komposition – Fallbeispiel 1: Originalbild (Bild 1), Originalbild mit Anschauungsprotokoll (Bild 2), Anschauungsprotokoll Komposition (Bild 3).

So lassen sich in der Reihe der marschierenden Akteur:innen einerseits horizontale Linien entlang der sich aneinanderreihenden Köpfe, Rümpfe und Beine protokollieren. Andererseits wird der Blick auch entlang parallel verlaufender vertikaler Linien geleitet, die entlang der einzelnen aufrechten Mädchenkörper verlaufen. Die gerichteten horizontalen und vertikalen Linien sind, wenn auch perspektivisch in der Darstellung verschoben, orthogonal relationiert. In der Verschränkung der Linien wird ein rasterförmiges Linienschema sichtbar, das die Blickordnung prägnant

vorstrukturiert. Schon hier zeigt sich ein Formenalgorithmus sozialer Ordnungsbildung, der eine strenge Schließung und kopierende Wiederholung präformiert.
Durch die Dominanz der Rasterung werden die einzelnen Bildteile kompositorisch zu einer Einheit verbunden. Die Feldlinien machen eine kompositorische
Relationierung der Körper in einem regelhaften Formenmuster sichtbar, das in
diesem Fall die einzelnen Körper kollektiviert. Diese Ausformung des kompositorischen Algorithmus kennzeichnet die Bedeutungsimmanenz der dargestellten
korporalen Ordnungsbildung des Sozialen.

Formulierung einer ersten Strukturhypothese: Die gerichteten Linien sind Ausdruck einer technokratisch orientierten Unterrichtung der Körper entlang eines
Standards, der einen Ausdruck des Individuellen negiert. Damit wird eine soziale
Disziplinierung des Subjekts als standardisierte Uniformierung deutlich. Es wird
ein kollektiver Körper erzeugt, der als rasterförmige Anordnung gleichgroßer
Segmente ausgeformt ist und durch eine kopierende Reproduktion beliebig erweitert werden kann.

Umsetzung von Parallelprojektionen zur Komposition

Die Parallelprojektionen zur Bildkomposition zielen auf die Ausdifferenzierung der
Strukturhypothese. Ausgehend von dem Anschauungsprotokoll (vgl. Abb. 5.3, Bild
1) wurden in der Rekonstruktion drei Bilder ausgewählt, die eine kompositorische
Formenähnlichkeit aufweisen: Die Parallelprojektion mit einem Plattenbauhaus (vgl.
Abb. 5.3, Bild 2) verweist auf die formenrelationierte Hervorbringung der Einheit
und hebt die Geschlossenheit der sozialen Ordnung hervor. Die Formenähnlichkeit
mit einem Zaun (vgl. Abb. 5.3, Bild 3) verweist auf die formenalgorithmische Bedeutung einer Territorialisierung und also Begrenzung eines Raumes nach Innen
sowie Außen. Und der Vergleich mit einer Baumallee (vgl. Abb. 5.3, Bild 4) macht das
biopolitische Wachstumspotenzial im gesetzten standardisierten Rahmen deutlich.

Abb. 5.3 Parallelprojektionen zur Komposition – Fallbeispiel 1: Anschauungsprotokoll
Komposition (Bild 1), Plattenbauhaus (Bild 2), Zaun (Bild 3), Baumallee (Bild 4)

Erweiterung der Strukturhypothese: Durch eine technokratische Unterrichtung wird die individuelle Ausformung der Subjekte negiert. Damit wird ein kollektiver Körper erzeugt, der als kohärente Einheit geschlossen und nach Außen begrenzt wird und gleichsam durch kopierbare Rasterung der Segmente ein Territorialisierungspotenzial aufweist.

Bezüge für eine Theoretisierung: Die Ausformung der sozialen Ordnung wird in einem Machtraum der Unterrichtung konstituiert, der mit der Technik der Klausursetzung, Individuen im Innenraum distinktiv in Differenz zu einem Außen setzt (vgl. Foucault 1994). So wird performativ eine geschlossene Masse erzeugt, die ein Wachstumspotenzial aufweist (vgl. Canetti 2006). Die orthogonale Anordnung von vertikalen und horizontalen Linien und damit der rasterförmige, raumergreifende Algorithmus der Komposition präformiert lebenspraktisch Techniken der Standardisierung, Uniformierung und Reproduktion und somit das raumzeitliche Prinzip der steuerbaren und vermessbaren Wiederholung. Insbesondere durch eine disziplinierende Unterwerfung der Körper unter ein Allgemeines wird das Ereignishafte der Individualität weitreichend negiert. Die Fabrikation des Menschen (Treiber/Steinert 1980) wird durch eine zellenförmige Mikrophysik der Macht gesichert, die mit Klausursetzung, Parzellierung sowie Rang- und Funktionszuweisung agiert (Foucault 1994). Der Einzelne wird dabei in seiner Individualität anerkannt, um ihn besser als Teil eines kollektiven Selbst zu unterwerfen. Wie auch über Parallelprojektionen deutlich wurde, zielt die dargestellte Ordnungsbildung sozial auf die Hervorbringung einer geschlossenen Masse, die performativ als ein „marschierender Wald" (Canetti 2006, S. 202f.) auf eine technokratisch orientierte Territorialisierung ausgerichtet ist.

5.1.2   Rekonstruktionsfokus: Choreographie der Blickbewegung

Erweiterung des Anschauungsprotokolls um die Blickbewegung

Die Betrachtung der Choreographie eines Formenalgorithmus fokussiert in einem ersten Schritt auf die Blickrichtung, die entlang der zentralen kompositorischen Leitbahnen des Blicks präformiert werden. Um diese sichtbar zu machen, werden die Feldlinien der Komposition nun zu Vektoren transformiert und zwar durch den Eintrag von Pfeilen. Damit soll angegeben werden, in welche Richtung die Leitbahnen des Blicks gelenkt werden.

Abb. 5.4 Anschauungsprotokoll zur Choreographie – Fallbeispiel 1: Originalbild
(Bild 1), Originalbild und Anschauungsprotokoll (Bild 2), Erweitertes
Anschauungsprotokoll Komposition-Choreographie (Bild 3)

Der hier vorgenommene Eintrag der Blickrichtung durch Vektoren macht
deutlich (vgl. Abb. 5.4, Bild 2 und 3), dass diese von einem imaginären Fluchtpunkt ausgehen und sich strahlenförmig ausdifferenzieren. Damit wird eine
rasterförmige Fläche in unbegrenzter Ausdehnung markiert. Diese räumliche
Ausdehnung verweist auf ein Territorialisierungsprinzip. Die choreographische Form potenziert somit die bereits herausgestellte, gerichtete und raumver-
einnahmende Komposition. Die Blickdynamik intensiviert diese Territoriali-
sierungsdynamik und auch die Geschwindigkeit derselben steigert sich durch
die größer werdenden Abstände vertikaler Zäsuren. Die soziale Ordnungsbildung weist in diesem Fall somit ein dynamisches Wachstumsbegehren auf.

Umsetzung von Parallelprojektionen zur Choreographie

Abb. 5.5 Parallelprojektionen zur Choreographie – Fallbeispiel 1: Erweitertes
Anschauungsprotokoll Komposition-Choreographie (Bild 1), Lichtstrahlen
(Bild 2), Röntgenstrahlen (Bild 3)

Die Parallelprojektionen zur Formenchoreographie eröffnen weiterführend ein vertiefendendes Verständnis, insofern die Formenähnlichkeit mit Lichtstrahlen verdeutlicht (vgl. Abb. 5.5, Bild 2), dass die geschlossene Masse zwar einen gemeinsamen Ausgangspunkt hat, jedoch in ihrer räumlichen Ausdehnung potenziell unendlich ist. Damit wird hier eine omnipotente Orientierung der Inbesitznahme von Raum durch das Wachstum der geschlossenen Masse deutlich. Der Vergleich zu den Röntgenstrahlen (vgl. Abb. 5.5, Bild 3) zeigt wiederum, dass diese soziale Dynamik alles hegemonial durchdringt und damit subsumiert.

Erweiterung der Strukturhypothese: Durch eine technokratisch orientierte Unterrichtung erfolgt eine uniformierende Standardisierung der individuellen Ausformung der Subjekte zum kollektiven Massenkörper, der sich als kohärente Einheit in Klausur zum Außen setzt und gleichzeitig dynamisch ein territorialisierendes Wachstum durch omnipotente Raumsubsumtion anstrebt.

Bezüge der Theoretisierung: Die Rekonstruktion der Formenchoreographie macht nun die soziale Dynamik des kollektiven Selbst deutlich. So weist der Formenalgorithmus der sozialen Ordnungsbildung eine Dynamik der Raumausdehnung auf, die sich als eine Territorialisierung durch einen Machtapparat beschreiben lässt. Ein glatter Raum wird sozial gekerbt und so die omnipotente Definitionsmacht mit einem Hegemonialanspruch behauptet (vgl. Deleuze/Guattari 2002).

5.1.3   Rekonstruktionsfokus: Perspektivität der Blickpositionierung

Erweiterung des Anschauungsprotokolls um die Blickpositionierung

Abb. 5.6   Anschauungsprotokoll zur Perspektivität – Fallbeispiel 1: Originalbild mit Anschauungsprotokoll (Bild 1), Erweitertes Anschauungsprotokoll Komposition-Choreographie-Perspektivität (Bild 2)

Im vorgestellten Fall wird deutlich, dass potenzielle Betrachter:innen in räumlicher Differenz zur dargestellten sozialen Einheit positioniert werden (vgl. Abb. 5.6, Bild 1 und 2). Diese werden gegenüber der geschlossenen Masse als Zaungäste adressiert, deren Status sich im Spektrum von einem noch nicht aufgenommenen Mitglied einerseits und einem ausgegrenzten Oppositionellen andererseits bewegt. Die Betrachter:innen werden somit in der bedeutungsimmanenten Logik der Falldynamik des Formenalgorithmus zum potenziellen Ziel des raumergreifenden Subsumtionsbegehrens. Darin begründet, setzt sich bei der Rezeption des Bildes eine Bewährungsdynamik entlang der Frage nach Zugehörigkeit frei.

Die spannungsreiche Bewährungsdynamik, die der Formenalgorithmus in der Positionierung der Betrachter:innen als latente Anfrage nach Zugehörigkeit präformiert, lässt sich weiter durch eine Parallelprojektion der Betrachter:innenpositionierung konkretisieren. Hier wird eindrücklich die Ausgrenzung der Betrachter:innen deutlich (vgl. Abb. 5.7, Bild 2), an denen die Masse vorbeizieht, wenn diese sich nicht einreihen.

Abb. 5.7 Parallelprojektionen zur Perspektivität – Fallbeispiel 1: Erweitertes Anschauungsprotokoll Komposition-Choreographie-Perspektivität (Bild 1), Zaunbetrachter (Bild 2)

Erweiterung der Strukturhypothese: Die Positionierung der Betrachter:innen setzt eine Bewährungsdynamik frei, die sich als Entscheidungszwang zwischen zwei Optionen zuspitzen lässt: entweder sich dem Hegemonialanspruch des territorialisierendem Selbst zu unterwerfen oder von diesem exkludiert zu werden. Beide Strukturvarianten verweisen auf einen Bruch der moralischen Anerkennungbeziehung mit den präformierten Bildbetrachter:innen.

5.2   Gestaltanalyse

Bei der Gestaltanalyse wird nun Bezug auf konkrete Darstellungsinhalte genommen, die in ihrer Auswahl einerseits über die Gegenstandskonstruktion und andererseits auch durch den Formenalgorithmus begründet werden. Als Gegenstandskonstruktion der hier vorgestellten Bildanalyse wurde fokussiert: Korporale Ordnungsbildung des Sozialen in der nationalsozialistischen Jugendorganisation „Bund Deutscher Mädel" (BDM). Die Bedeutung des Formenalgorithmus der sozialen Ordnung wurde gemäß der Strukturhypothesen als technokratische Unterrichtung eines kollektiven Selbst mit Ziel einer raumergreifenden Unterwerfung des Anderen ausgewiesen. Die Gestaltanalyse kann nun Aufschluss geben, wie sich diese generalisierbare korporale Ordnungsbildung im Besonderen der fotographischen Momentaufnahme von Akteur:innen der BDM-Jugendorganisation konkretisiert und lebenspraktisch verwirklicht.

5.2.1   Rekonstruktionsschritt: Verhältnissetzung von Phänomensinn und Formenrelationen

Explikation des Phänomensinns

Auf dem Foto werden in Schwarz-Weiß-Kontrasten Mädchen dargestellt, die in einer Doppelreihe hintereinander auf einer Blumenwiese laufen. Betrachten wir den Phänomensinn entlang der drei horizontalen Bildsegmente (vgl. Abb. 5.8, Bild 1).

Abb. 5.8   Gestaltanalytische Segmentierung – Fallbeispiel 1: Originalbild mit Segmenten (Bild 1), Bildsegment 1 (Bild 2), Bildsegment 2 (Bild 3), Bildsegment 3 (Bild 4)

Bildsegment I: Beine des kollektiven Selbst (vgl. Abb. 5.8, Bild 2)

Das ordnungsbildende Bewegungsmuster der Beine ist ein Gleichschritt. Der Gleichschritt ist entlang einer linearen Laufbahn ausgerichtet und geht so in der Praktik des Marschierens auf. Das Marschieren ist ein ökonomisiertes und hoch effizientes Bewegungsmuster von geschlossenen Massen, die als ein kollektives Selbst so in raumzeitlicher Hinsicht steuerbar sind.

Bildsegment II: Rumpf des kollektiven Selbst (vgl. Abb. 5.8, Bild 3)

Als eine ordnungsbildendende ästhetische Strategie zur Herstellung des kollektiven Selbst wird hier die Uniformierung sichtbar. Die textile Modifikation der einzelnen Körper wird durch eine Sportkleidung vorgenommen, die im schwarz-weiß-Kontrast gehalten ist. Die gleichförmige, unbunte Sportkleidung verweist auf die Negation mannigfaltiger Ästhetisierung von Individualität durch eine leistungsorientierte Disziplinierung des kollektiven Körpers und damit auf das pädagogische Setting des Massen-Trainings.

Bildsegment III: Kopf des kollektiven Selbst (vgl. Abb. 5.8, Bild 4)

Die Köpfe des kollektiven Selbst sind dominant nach vorn in Laufrichtung und damit auf ein imaginäres Ziel ausgerichtet. Jedoch zeigt sich, dass diese Ausrichtung Brüche aufweist: So schaut das dritte Mädchen von vorn nach unten, das vierte Mädchen von hinten zu ihrer Nachbarin und das Mädchen am Ende der Reihe in die Landschaft. Diese Figuren der Dezentrierung der kognitiv ausgerichteten Aufmerksamkeit verweisen auf die Grenze der performativen Unterrichtung der Mitglieder:innen des BDM. So wird hier deutlich, dass die durchaus wirkmächtige korporale Ordnungsbildung an ihre Grenze bei der Ausrichtung der Köpfe und die damit verbundene anvisierte Uniformierung des Denkens stößt. Sichtbar wird in diesem Bildsegment somit eine Figur der gebrochenen Ideologisierung.

In der Spannung von Indizien- und Entzugsparadigma wird somit fotographisch eine Szene aus der Lebenspraxis der Jugendorganisation „Bund Deutscher Mädel" dargestellt, die im Nationalsozialismus das weibliche Pendant zur Hitlerjugend war. Auf dem Foto werden diese als kollektiver Massenkörper mit einem hegemonialen Territorialisierungsbegehren ausgewiesen. Latent zeigt sich jedoch bei einzelnen Akteur:innen, dass die Identifikation mit dieser Zieldisposition brüchig ist.

Verhältnissetzung des Phänomensinns zu dem Formenalgorithmus

Die fotographische Bildgestalt bringt zum Ausdruck, dass die korporale Ordnungs-bildung der Jugendorganisation zwar wirkmächtig ein uniformiertes kollektives Einheits-Selbst hervorbringt, jedoch die kognitive Ausrichtung der Akteur:innen an den damit verbundenen Werte- und Normenvorstellungen relative Disparitäten aufweist. Insofern kann hier eine vereinzelte strategische korporale Anpassung der weiblichen Jugendlichen an die Lebenspraxis, die auf eine hegemoniale Territorialisierung der Jugendorganisation ausgerichtet ist, behauptet werden. Die habitusbildende Ideologisierung dieser Lebenspraxis verwirklicht sich bei den Adressat:innen demnach nur begrenzt.

Erweiterung der Strukturhypothese: Die soziale Ordnungsbildung im BDM-Kontext präformiert durch eine uniformierende Gleichschaltung eine geschlossene Masse, die durch Wachstum ein imaginäres Ziel raumergreifend verwirklichen soll. Die Gestaltanalyse zeigt nun, dass dieses Ziel auf performativer Ebene durch eine Disziplinierung der Bewegungsmuster erreicht werden soll. Der so präformierte Massenkörper weist jedoch als ideologisch konsistente Werteeinheit Brüche in der Identifikation auf. Darauf bezogen lässt sich die These formulieren, dass es zwar durch korporale Ordnungsbildung weitreichend gelingt, ein kollektives Selbst performativ zu formieren, jedoch dazu in Differenz die reflexive Identifikation mit den damit verbundenen ideologischen Orientierungen fragil ist.

5.2.2 Rekonstruktionsschritt: Gestaltanalytische Parallelprojektionen zum ausgeformten Phänomensinn

Abb. 5.9   Gestaltanalytische Parallelprojektionen – Fallbeispiel 1: Originalbild (Bild 1), Modenschau (Bild 2), Soldatenmarsch (Bild 3)

Gestaltbezogen weist das Foto der marschierenden Mädchen des BDMs (vgl. Abb. 5.9, Bild 1) Familienähnlichkeiten zu Inszenierungen bei Modeschauen auf (vgl. Abb. 5.9, Bild 2), die für eine Inszenierung aktueller Trends als idealtypische ästhetische Leitbilder einer Gesellschaft stehen und als Praktik auf eine gemeinschaftsstiftende Charismatisierung von stilbezogenen Werte- und Normenorientierungen zielen. Dieses Bedeutungsmoment bezogen auf den Fall lässt die Annahme zu, dass die

fotographische Darstellung das kollektive BDM-Selbst als kulturästhetische Ori-
entierungsstiftung zur Schau stellt und die Betrachter:innen zu einer Übernahme
damit verbundener Lebensentwürfe anwirbt.

Gleichsam zeigt die gestaltanalytische Parallelprojektion zu einem militärischen
Aufmarsch (vgl. Abb. 5.8, Bild 3) den demonstrativen Charakter der Inszenierung
als Ausdruck einer herrschaftlichen Gewalt, die Inhaber der Definitionsmacht
im sozialen Raum ist. Latent werden so gleichsam die Restriktionen in Form von
Ausgrenzung und Verfolgung thematisch, die mit einer Distanzierung der Betrach-
ter:innen von den Leitbildern einhergehen.

Erweiterung der Strukturhypothese: Die Parallelprojektionen machen den In-
szenierungscharakter der Darstellung deutlich, der bei der Bildrezeption die
Bewährungsdynamik einer Positionierung in der Spannung von zugehörigem
Trendsetter und verfolgtem Außenseiter freisetzt. Diese Bedeutungsimmanenz
profiliert das Bild funktional als instruktiv für Propagandazwecke.

Bezüge der Theoretisierung: Normative Orientierungen lassen sich in sozialen
Ordnungen als imaginäre Sinnkonstruktionen ausweisen (vgl. Castoriadis 1975),
die als Krisenlösungsentwürfe in pragmatischen Ablaufgestalten gemeinschaftsstiftend charismatisiert werden und so soziale Einheiten als Wertegemeinschaften
hervorbringen (vgl. Oevermann 1995 und weiterführend Böhme 2000). Die damit
verbundene rekonstruierte korporale Ordnungsbildung mit raumergreifenden
Omnipotenzanspruch verweist auf ein geopolitisches Begehren, das etwa für die
monistisch orientierte Staatsform der Diktatur kennzeichnend ist. Die Betrachter:in-
nen haben sich nun in der Entscheidung zu bewähren, ob sie sich der werbenden
Inszenierung entsprechender Leitbilder unterwerfen und sich affirmativ und/oder
strategisch der Masse anschließen oder ob sie um den Preis von Ausgrenzung und
Verfolgung in Opposition zu den nun machtvoll gesetzten Normen und Werten
treten (vgl. als Überblick zu Theoriebezügen, Imbusch 1998).

5.3   Formulierung einer These zur Bedeutungsimmanenz des Bildes

Das Foto hat ein Potenzial für Propagandazwecke im Rahmen der Ideologisierung von Massen im Nationalsozialismus. Deutlich wird eine prägnant korporale Ordnungsbildung, die auf Gleichschaltung, Einheitsbildung und Territorialisierung ausgerichtet ist. Durch eine uniformierende Disziplinierung wird erfolgreich ein kollektiver Massenkörper hervorgebracht, der den Betrachter:innen charismatisierend zur Schau gestellt wird und so bei der Bildrezeption eine Bewährungsdynamik freisetzt, sich in der Spannung von Zugehörigkeit oder Ausgrenzung zu positionieren. Konterkariert wird jedoch die Konsistenz der ikonischen Sinnstruktur durch Ausdrucksgestalten, die bei den Mädchen der Jugendorganisation „Bund Deutscher Mädel" Brüche bei der identifikatorischen Ausrichtung an den zielweisenden Werten und Normen sichtbar machen. Hier zeigen sich die Grenzen der Wirkmächtigkeit der korporalen Ordnungsbildung in Hinsicht auf die habitusbildende Ideologisierung der kognitiven Ausrichtung des Massenkörpers an. In diesem Krisenpotenzial kann das latent Neue ausgewiesen werden. Wird es lebenspraktisch artikuliert und sozial anerkannt, ist die voraussetzungsreiche Grundlage für eine Transformation des korporalen Formenalgorithmus dieser sozialen Ordnung gegeben.

Fallbeispiel 2: Foto zur Swing-Jugend im Nationalsozialismus

6

Wie das Foto aus dem vorangegangenen Kapitel, ist auch das Foto in diesem Fallbeispiel aus der Datengrundlage einer explorativen Studie zur Ästhetisierung von Jugend im Nationalsozialismus entnommen.[12]

Abb. 6.1 Originalbild – Fallbeispiel 2

---

12 Vgl. Forschungsbericht „Jugend im Nationalsozialismus" von Amina Paßlack, erstellt im Rahmen des Seminars „Transformation jugendlicher Ästhetik aus bildhermeneutischer Perspektive" (Leitung: Jeanette Böhme, Sommersemester 2018) im Studiengang Erziehungswissenschaft an der Universität Duisburg-Essen. Darüber hinaus wurde auch dieses Foto in der Fallstudie zu Potenzialen der Modellbildung in der musikpädagogischen Forschung aufgegriffen (vgl. Böhme/Böder 2019).

Um einen Vergleich zum ersten Fallbeispiel zu gewährleisten, wurde eine fotographische Darstellung gewählt, die die swingende Jugend als kollektiven Akteur zeigt (vgl. Abb. 6.1) und darauf gleichermaßen folgende Gegenstandskonstruktion bezogen: Korporale Ordnungsbildung des Sozialen in der Swing-Jugend. Der kontrastive Vergleich mit der Rekonstruktion des Fotos zur Jugendorganisation „Bund Deutscher Mädel" (vgl. Fallbeispiel 1 in Kap. 5) zeigt, dass der Formenalgorithmus der Swing-Jugend einerseits andere Parameter der sozialen Sinnordnung aufweist, andererseits jedoch gleichsam die Sozialform einer geschlossenen Masse hervorbringt.

6.1   Formenanalyse

6.1.1   Rekonstruktionsfokus: Komposition der Blickordnung

Erstellung des Anschauungsprotokolls zur Komposition

Grundlegende Formenparameter sind Ellipsen als rahmende Form der Gemeinschaft, die einen Innen- von einen Außenraum abgrenzend markieren. Die Ellipse transformiert den Kreis als geometrische Grundform perspektivisch. Zwar wird dabei die strahlenförmige absolute Symmetrie eingebüßt, jedoch eine dynamische Spannung durch „das ambivalente Verhältnis von Rundung und Ausdehnung" (Arnheim 1996, S. 106) generiert.

 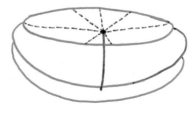

Abb. 6.2   Anschauungsprotokoll zur Komposition – Fallbeispiel 2: Originalbild mit Anschauungsprotokoll (Bild 1), Anschauungsprotokoll Komposition (Bild 2)

Durch mehrere übereinander gelagerte Ellipsen wird bildkompositorisch ein dynamischer Formalgorithmus sichtbar (vgl. Abb. 6.2, Bild 1 und 2), der durch die Anordnung der horizontalen und vertikalen Symmetrieachsen potenziert wird: Einerseits werden die horizontalen Symmetrieachsen der Ellipsen als Schrägen angeordnet, die so eine Unwucht bedingen. Diese Unwucht wird dynamisch verstärkt, indem die einzelnen Ellipsenachsen zueinander nicht parallel relationiert sind. Dadurch wird die aufgeschichtete Bewegungsform in der horizontalen Ordnung zum situativen Ereignis.

Andererseits werden die Ellipsen als kontingente schwingende Plateaus durch eine vertikale Symmetrieachse zentriert und miteinander verbunden. Da diese jedoch eine gekrümmte Mittelachse ist, sind auch die vertikal-zentrierten Bewegungen in der Bildkomposition kontingent ausgeformt.

Da der obere Pol der gekrümmten Vertikalachse deutlich als Mittelpunkt in der oben aufliegenden Ellipse sichtbar ist und an dem unteren Ende eher nachrangig zur Anschauung gelangt, gerät die Gesamtkomposition in eine dynamische Schwebe.

Formulierung einer ersten Strukturhypothese: Die Bildkomposition wird durch einen ellipsenförmig-dynamischen Algorithmus dominiert. So werden mehrere Ellipsen übereinander geschichtet, deren jeweilige horizontale Symmetrieachse schräg und nicht parallel zueinander relationiert werden, zudem durch eine gekrümmte Vertikalachse verbunden sind. Das obere Ende derselben ist dominant und gleichsam Mitte der höchsten Ellipsenebene. Dies bedingt eine schwebende Entortung der Gesamtkomposition. Die kompositorische Ordnungsbildung präformiert somit eine kreisförmige Geschlossenheit, die jedoch durch eine potenziert dynamische Kontingenz gekennzeichnet ist.

Umsetzung von Parallelprojektionen zur Komposition

Die in der Horizontalen unregelmäßig angeordneten und in der Vertikalen dynamisch verbundenen Ellipsen lassen eine kompositorische Parallelprojektion zu Praktiken mit Hula-Hoop-Reifen zu (vgl. Abb. 6.3, Bild 2). Das Reifentreiben impliziert die Bewährung, Reifen rotierend in der Schwebe zu halten, indem Unwuchten durch eine rhythmische Körperbewegung ausbalanciert werden. Übertragen auf die schwebende Gesamtkomposition des Falls begründet sich demnach ihre Stabilität und Integrität in einer angemessenen Krümmung der Mittelachse, die immer hochgradig situativ auszurichten ist.

Das heißt, dass die Komposition einen signifikanten Bezug auf eine Mitte präformiert, die eine Integration der Gesamtheit sicherstellt. Dies zeigt sich auch

bei der Parallelprojektion zu kreisförmig arrangierten Fahnenappellen (vgl. Abb.
6.3, Bild 3). Auch hier wird eine geschlossene Masse durch eine gleichförmige
Ausrichtung der Akteur:innen auf eine Fahne als zentrales sinnstiftendes Symbol
hervorgebracht. Das obere Ende, die Flagge am Fahnenmast, wird zum tragenden
Moment der Territorialisierung. Auch im Originalbild ist das obere Ende der
Vertikalachse die Mitte, um die sich alles dreht. Nur lose mit der realen Boden-
haftung im Sozialraum verkoppelt, schwebt der gemeinschafts- und sinnstiftende
Bezugspunkt in der Sphäre des Imaginären. Damit qualifiziert die Kompositionsanalyse bereits an dieser Stelle dieses Bildsegment auch für die Gestaltanalyse als
signifikant (vgl. Abs. 6.2.2).

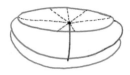

Abb. 6.3 Parallelprojektionen zur Komposition – Fallbeispiel 2: Anschauungsprotokoll
Komposition (Bild 1), Hula-Hoop (Bild 2), Fahnenappell (Bild 3)

Erweiterung der Strukturhypothese: Die vielschichtige und hoch kontingente
Rotationsordnung präformiert kompositorisch eine korporale Ordnungsbildung
der dynamischen Geschlossenheit um ein imaginäres Sinnzentrum. Damit wird
hier die Figur einer tendenziellen Weltflucht sichtbar, insofern ein kollektiver
Körper sich den bodenständigen Anforderungen der Realität entzieht und über
die räumliche Entortung eine Leichtigkeit des Seins inszeniert. In der Figur des
Eskapismus wird so eine geschlossene Masse territorialisierenden Raumtechniken
der Disziplinierung entzogen und über einen Sinnentwurf der Deterritorialisierung integriert.

Bezüge für eine Theoretisierung: Die bildkompositorische Ausformung der sozialen Ordnung bringt eine geschlossene und eskapistisch ausgerichtete Masse
hervor, die sich dynamisch den territorialisierenden Vereinnahmungen durch die
zellenförmige Mikrophysik der Macht entzieht (vgl. Foucault 1994). Zusammen-
halt wird durch Integration hergestellt, die über einen identifikatorischen Bezug
auf eine sinnstiftende Mitte erzeugt wird. Durch die soziokulturelle Entortung
bzw. moderne Entwurzelung der sozialen Ordnung repräsentiert die geschlossene

Masse einen sozialen Widerstand, den eine eskapistische Zivilisationskritik eint
(vgl. Strodthoff 1976).

6.1.2 Rekonstruktionsfokus: Choreographie der Blickbewegung

Erweiterung des Anschauungsprotokolls um die Choreographie

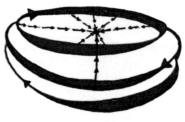

Abb. 6.4 Anschauungsprotokoll und Parallelprojektionen zur Choreographie –
Fallbeispiel 2: Originalbild mit Anschauungsprotokoll (Bild 1), Erweitertes
Anschauungsprotokoll Komposition-Choreographie (Bild 2)

Der Eintrag von Blickbewegungen macht zwei zentrale choreographische Relationen deutlich (vgl. Abb. 6.4, Bild 1 und 2): Erstens werden entlang der elliptischen
Feldlinien kreiselnde Blickbewegungen präfomiert, die zentrisch im Uhrzeigersinn
um die gekrümmten Drehachse verlaufen. Die Rhythmik wird gleichförmig durch
senkrechte gekrümmte Außenlinien entlang der Akteur:innenkörper zäsuiert.
Zweitens wird durch die Ausrichtung der Körperausrichtungen und Akteur:in-
nenblicke der Fokus auf die Vertikalachse eingestellt und hier insbesondere auf
den bildkompositorisch dominanten oberen Achsenpol als Mitte.

Umsetzung von Parallelprojektionen zur Choreographie

Über Parallelprojektionen werden nunmehr drei Krisenpotenziale der dynamischen
Choreographie sichtbar:

Abb. 6.5 Parallelprojektionen zur Choreographie – Fallbeispiel 2: Karussell (Bild 1),
Trampolin (Bild 2), Jonglierteller (Bild 3)

Zum ersten wirkt in der Rotationsbewegung eine Zentrifugalkraft, die in ihrer
Unwucht ein potenzielles Zerreißen der elliptischen Plateaus bedingen könnte
(vgl. Abb. 6.5, Bild 1). Zum zweiten kann sich die gekrümmte Mittelachse in einem vertikalen Widerstreit der Kräfte wie in einem Jojo-Effekt aufschaukeln und
zerbersten (vgl. Abb. 6.5, Bild 2). Und zum dritten kann der obere Pol dieser Achse
sich so dynamsieren, das er als Epizentrum der integrativen Stabilisierung aus der
Balance gerät (vgl. Abb. 6.5, Bild 3). In diesem dynamischen Kräftespiel zeigt sich
die Riskanz der Ordnung an.

Erweiterung der Strukturhypothese: Choreographisch wird die Ordnungsbildung
weniger auf eine raumausdehnende Territorialisierung ausgerichtet, sondern
zielt vielmehr auf eine Stabilisierung der Integration dieser Masse durch eine
Intensivierung der dynamischen Bezugnahme auf ein sinnstiftendes imaginäres
Zentrum. Diese dynamische Entortung des kollektiven Körpers, qualifiziert die
geschlossene Masse als Wertegemeinschaft mit einer eskapistischen Orientierung,
um die sich als imaginäre Sinnstiftung begehrend alles dreht. Jedoch begründet
sich gerade in der Potenzierung dieser dynamischen Ausrichtung der Ordnung
ein Intensitätsüberschuss, der zu Instabilität, ja sogar zur Destruktion des Ge-
füges führen kann.

Bezüge für eine Theoretisierung: Wertegemeinschaften sind durch weitreichende
Verbürgungen eines Bewährungsmythos gekennzeichnet, der als ein Lösungsent-
wurf für Krisenkonstellationen einer Lebenspraxis ausgewiesen werden kann (vgl.
Oevermann 1995). Die hier rekonstruierte Figur einer gemeinschaftlichen Weltflucht,
verweist sinnlogisch auf eine ,Lebenspraxis vor Ort', die durch eine weitreichende
Negation von Spielräumen für die akteur:innenseitige Verwirklichung ihrer lebenspraktischen Autonomie, gekennzeichnet ist. Der Formenalgorithmus begründet so
eine „Fluchtlinie" aus eben diesen stark vorstrukturierten gekerbten Raum eines
Machtapparates (vgl. Deleuze/Guattari 2002, S. 481ff.). Fluchtlinien zielen somit auf

die Deterritorialisierung einer Kriegsmaschine, indem sie im gemeinschaftsstiftenden Begehren auf eine andere fiktionale Realität orientieren (vgl. Girard 2012), die sich dann durchaus als neue Lebenspraxis reterritorialisieren kann.

6.1.3 Rekonstruktionsfokus: Perspektivität der Blickpositionierung

Die Betrachter:innen werden durch die kompositorische und choreographische Form als beobachtende Zaungäste außerhalb der Wertegemeinschaft positioniert. Da die geschlossene Masse auf ihre sinnstiftende Mitte ausgerichtet ist, lässt sich die formenalgorithmische Positionierung der Betrachter:innen im erweiterten Radius der Bezugnahme auf dieses Zentrum bestimmen. Durch die Zweidimensionalität des Bildes ist hier die mittig platzierte Frontalsicht auf das sinnstiftende Zentrum des Begehrens naheliegend (vgl. Abb. 6.6, Bild 1 und 2).

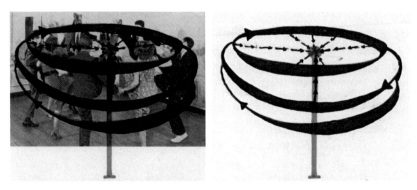

Abb. 6.6 Anschauungsprotokoll zur Perspektivität – Fallbeispiel 2: Originalbild mit Anschauungsprotokoll (Bild 1), Erweitertes Anschauungsprotokoll Komposition-Choreographie-Perspektivität (Bild 2)

Damit wird bei der Bildrezeption eine Bewährungsdynamik freigesetzt, die sich als potenzielle Identifizierung mit der Weltflucht ausweisen lässt. Die dynamische Gesamtkomposition des kollektiven Körpers begründet eine Affizierung der Leidenschaft, die seiner Bewegung immanent ist. Nicht Charismatisierung der Gemeinschaft durch eine werbende Schau von Trends und Definitionsmächtigkeit (vgl. Fallbeispiel 1 in Kap. 5) wird hier zur Anschauung gebracht, vielmehr werden die Bildbetrachter:innen verführt, sich von der leidenschaftlichen Dynamik des gemeinschaftsstiftenden Begehrens anstecken zu lassen. Das kollektive Selbst wird somit zum Mittler des Begehrens und die einzelnen Akteur:innen in dieser Masse zu Vorbildern, die potenziell durch die Betrachter:innen nachgeahmt werden können, wenn sie sich in die korporale Ordnung einreihen.

Erweiterung der Strukturhypothese: Die Blickpositionierung begründet sich in der kompositorisch-choreographischen Fokussierung auf die begehrte sinnstiftende Mitte. Von dieser geht eine Bewährungsdynamik für die Betrachter:innen aus, die durch die korporale Ordnungsbildung der Masse vermittelt wird. Deren Akteur:innen werden zu Mittlern eines leidenschaftlichen Begehrens, indem sie eine intensive Bezugnahme auf das Objekt des Begehrens vormachen. Entweder lassen sich die Betrachter:innen von dieser Dynamik anstecken und affizieren oder sie verharren als Zaungäste in einer reflexiven Distanz dazu.

Bezüge für eine Theoretisierung: Gerade die dynamisch-rhythmischen Formen-relationen setzen ein Bewegungspotenzial der Massenaffizierung frei (vgl. Ott 2009). Lassen sich die Betrachter:innen vom Begehren der Masse anstecken (vgl. ebd., S. 342f.), dann kopieren sie nachahmend die Akteur:innen, reihen sich ein in die leidenschaftliche Ausrichtung auf die sinnstiftende Mitte. Damit wird in der Bildrezeption eine Bewährungsdynamik freigesetzt, sich gegenüber der Sogkraft des Begehrens zu positionieren (vgl. Girard 2012).

6.2   Gestaltanalyse

Die Gestaltanalyse zu diesem Foto ist in zwei Schritte zu unterteilen: Zum ersten sollte die gestaltanalytische Betrachtung der Gesamtkomposition erfolgen; zum zweiten ist dann der Fokus auf das formenanalytisch herausgearbeitete signifikante Bildsegment einzustellen, geleitet durch die Frage: WAS das konkrete identifika-torische Zentrum der sozialen Bewegung ist.

6.2.1 Verhältnissetzung von Phänomensinn und Formenrelationen

Explikation des Phänomensinns – Gesamtkomposition und signifikantes Bildsegment

Das Foto zeigt eine Szene, in der zehn Akteur:innen in der Altersspanne von ca. 20 bis 30 Jahren im Kreis tanzen. Die Anordnung der Tänzer:innen ist entlang der Geschlechterdifferenz geregelt und zwar als Wechsel von männlichen und weiblichen Personen. Diese fassen sich an den Händen, haben ihre Körper zur Mitte ausgerichtet und schwingen gleichzeitig das rechte Bein bis auf Schulterhöhe in die Kreismitte. Das Bewegungsmuster ist demnach hoch verregelt. Nur die Körperhaltungen variieren in ihrer dynamischen Emergenz. Der rhythmische Tanzmodus bringt ein geschlossen-dynamisches kollektives Selbst hervor, das seinen Blick auf die obere Fußspitze am Ende des hochgestreckten Beines ausrichtet und damit auf den signifikanten Mittelpunkt des Gesamtarrangements.

Für die Betrachter:innen wird der Blick auf den Schuh der Frau präformiert, die in der Mitte der Frontalansicht direkt gegenüber von den Betrachter:innen positioniert ist. Der hochgestreckte Fuß der Frau wird den Betrachter:innen so entgegengestreckt und auf Augenhöhe ausgerichtet, dass die Schuhsohle mit Absatz in der Fläche sichtbar ist.

Verhältnissetzung des Phänomensinns zu dem Formenalgorithmus

In Hinsicht auf die Gesamtkomposition konkretisiert sich der Formenalgorithmus im Phänomensinn wie folgt: Die Swing-Jugend wird im Foto als dynamische Wertegemeinschaft mit einer eskapistischen Orientierung dargestellt. Als Widerstandsbewegung wird auf autonomienegierende Disziplinierungstechniken vor Ort Bezug genommen. Dies wird jedoch widersprüchlich zum Ausdruck gebracht, insofern die performative Differenzmarkierung der Swing-Gemeinschaft ebenso über eine hochgradig verregelte Ordnungsbildung vorgenommen wird, die kaum Spielraum für individuelle Bearbeitungsmuster lässt.

In Hinsicht auf das signifikante Bildsegment der Sohle des Tanzschuhs in der sinnstiftenden Mitte, zeigt sich ebenso eine widersprüchliche Bedeutungsstruktur, insbesondere in Hinsicht auf die Adressierung der Betrachter:innen. So wird zwar ihre Positionierung als Zaungäste zu einer Bewährungsdynamik, die Tanzperformance weiterhin distanziert zu beobachten oder sich von von dieser leidenschaftlichen Dynamik affizieren zu lassen. Sich in das nachahmende Begehren integrierend einzureihen, wird jedoch durch die korporale Ordnung der Swing-Gemeinschaft zweifach erschwert: Einerseits würde die wechselnde Folge von männlichen und weiblichen Tänzer:innen durch das Eintreten in den Reigen empfindlich gestört und also die soziale Ordnung irritiert. Andererseits ist der hochgeworfene Fuß, dessen Sohle den Betrachter:innen entgegengestreckt wird, keine einladende Geste, eher ein abwehrendes Stampfen oder Treten. Insofern nimmt der Mittler für das nachahmende Begehren selbst eine zurückweisende Abwehrhaltung gegenüber beobachtenden Zaungästen ein.

Erweiterung der Strukturhypothese: Die fotographisch dargestellte Szene verweist auf eine oppositionelle Haltung der Swing-Jugend gegenüber disziplinierenden Techniken einer zellenförmigen Mikrophysik der Macht, durch die Diktaturen gekennzeichnet sind. Jedoch sind die Bewegungsmuster, mit denen die sinnstiftende Ausrichtung an dynamischer Weltflucht zum Ausdruck gebracht werden, selbst in einem hohen Grad verregelt. Darüber hinaus ist das rhythmisierte kollektive Selbst zwar inklusiv auf die Stabilisierung seiner Integrität ausgerichtet, begegnet aber latent dem Außen durch eine korporale Abwehrhaltung, die eine Integration derselben erschweren, ja mindestens riskant machen.

6.2.2 Rekonstruktionsschritt: Gestaltanalytische Parallelprojektionen zum ausgeformten Phänomensinn

Gestaltanalytische Parallelprojektionen zum Gesamtbild

Kreisförmige Anordnungen kollektiver Tanzbewegungen verweisen auf differente Arragements in Abhängigkeit von den Bewegungsmustern des kollektiven Akteurs. Über vier Parallelprojektionen zur Darstellung der Tanzgestalt des Kreisreigens oder Ringelreihens, lassen sich differente Bedeutungsmomente sozialer Ordnungsbildung herausstellen, die somit auch der dargestellten korporalen Ordnungsbildung der Swing-Jugend immanent sind: das exklusiv-symbolische (vgl. Abb. 6.7, Bild 1), spielerisch-infantile (vgl. Abb. 6.7, Bild 2), sakral-meditative (vgl. Abb. 6.7, Bild 3) oder ritualisiert-bündische (vgl. Abb. 6.7, Bild 4) Bedeutungsmoment.

Abb. 6.7 Gestaltanalytische Parallelprojektionen – Fallbeispiel 2: Tanz Apollons mit den Musen (Bild 1), Kinderreigen (Bild 2), Meditationstanz (Bild 3), Bündischer Reigen (Bild 4)

Generalisierend weist das Bewegungsmuster des Kreistanzes ein besonderes Potenzial der Gemeinschaftsbildung auf, auch da diese performative Körperanordnung durch das Akustische durchdringend rhythmisiert wird. Gemeinschaftserleben wird somit taktil umfassend erfahrbar und damit absolut.

Gestaltanalytische Parallelprojektionen zum signifikanten Bildsegment

Die identifikatorische Mitte, auf die integrativ die Aufmerksamkeit aller Akteur:innen fokussiert, ist ein Schuh, der den Betrachter:innen von Unten sichtbar wird. Eine Schuhsohle verbindet in Bewegungsmustern des Laufens, Stehens oder Sitzens in der Regel die Fläche, die den Körper auf dem Fußboden metrisch verortbar macht. Hier adressiert die Schuhsohle frontal die Betrachter:innen (vgl. Abb. 6.8, Bild 1). Damit verbunden sind Bewegungsakte des Tretens. Dies zeigen Parallelprojektionen zum Kickboxen im Bereich des Sportes (vgl. Abb. 6.8, Bild 2). In dieser Variante haben wir es mit einem potenziell aggressiven performativen Akt in der Logik von Angriff und Verteidigung zu tun. Das Jumping ist ein weiteres Bewegungsmuster im Bereich des Sportes (vgl. Abb. 6.8, Bild 3), wo es gilt, Hindernisse zu überwinden. In Tanzstilen wie dem Can Can (vgl. Abb. 6.8, Bild 4) oder dem Stepptanz (Abb. 6.8, Bild 5) werden diese Bewegungsfiguren ebenso zitiert, wie im Swing.

Abb. 6.8 Gestaltanalytische Parallelprojektionen zum signifikanten Bildsegment – Fallbeispiel 2: Ausschnitt Originalbild (Bild 1), Kickboxen (Bild 2), Jumping (Bild 3), Can Can-Tanz (Bild 4), Stepptanz (Bild 5)

Erweiterung der Strukturhypothese: Die eskapistische Swing-Bewegung vergemeinschaftet sich sinnstiftend im Performativen und bringt im Tanz eine Wehrhaftigkeit zum Ausdruck, Widerstände ‚vor Ort' durch ein Kicking oder Jumping zu bearbeiten.

6.3   Formulierung einer These zur Bedeutungsimmanenz des Bildes

Das Foto zeigt eine korporale Ordnungsbildung der Swing-Jugendszene, die eine akustisch-performative Gemeinschaftsbildung der Geschlossenheit präformiert. Diese hochgradig dynamische Bewegung ist orientiert an der Flucht vor der Negation lebenspraktischer Autonomie vor Ort, die Kennzeichen der national-sozialistischen Diktatur war. Sinnstiftend wird als integratives Moment diese eskapistische Orientierung deutlich, die wehrhaft durch ‚Kicking' oder ‚Jumping' im Swing-Tanz verteidigt wird. Damit verbundene kollektive Bewegungsmuster sind jedoch selbst in einem hohen Grad vorstrukturiert. Somit präformiert die dargestellte Lebenspraxis der Swing-Jugend zwar eine oppositionelle Fluchtlinie aus der Diktatur, die jedoch selbst als Bewältigungsstrategie auf die (Re-)Terri-torialisierung einer korporalen Ordnungsbildung zielt, die durch eine schema-tisch-kollektive Gleichschaltung und damit Minimierung von Spielräumen für eine Artikulation individueller Einzigartigkeit gekennzeichnet ist.

Abb. 7.1 Originalbild – Fallbeispiel 3

Die ausgewählte Collage (vgl. Abb. 7.1) wurde im Rahmen eines auf Westdeutschland bezogenen Jugend-Aufrufs im Jahr 1983 erhoben.[13] Aufgefordert wurden Personen im Alter von 12 bis 24, Selbstzeugnisse zum Thema ‚Jung-Sein heute' einzureichen. Diese Materialien wurden Grundlage der SHELL-Jugendstudie von 1985 (vgl.

---

13 Das Bild wurde bereits in einer Veröffentlichung rekonstruiert (vgl. Böhme/Böder 2018) und mit einer weiteren Collage kontrastiert, um zu verdeutlichen, dass eine differente formale Anordnung grundlegend verschiedene Bedeutungen ähnlicher Bildgestalten begründet.

© Springer Fachmedien Wiesbaden GmbH, ein Teil von Springer Nature 2020
J. Böhme und T. Böder, *Bildanalyse*, Qualitative Sozialforschung,
https://doi.org/10.1007/978-3-658-28622-4_7

Jugendwerk der Deutschen Shell 1985). Unter den ca. 15.000 Einsendungen waren ca. 1100 Bilder.[14]

Für diesen Band wurde die Collage als Fallbeispiel aufgenommen, weil die Bildrekonstruktion zwei Aspekte verdeutlicht: erstens, dass in einem Bild zwei oder mehrere differente Formenalgorithmen sichtbar werden können; zweitens, wie sich Fundamentalüberraschungen forschungspraktisch identifizieren lassen[15].

7.1   Formenanalyse

7.1.1   Rekonstruktionsfokus: Komposition der Blickordnung

Erstellung des Anschauungsprotokolls zur Komposition

Abb. 7.2   Anschauungsprotokoll zur Komposition – Fallbeispiel 3: Originalbild mit Anschauungsprotokoll (Bild 1), Anschauungsprotokoll Komposition (Bild 2)

Der Eintrag von Feldlinien macht differente kompositorische Formenrelationen deutlich, die sich in einer Unterteilung von zwei dominanten Bildsegmenten systematisieren lassen (vgl. Abb. 7.2, Bild 1 und 2).

---

14   Eine Auswahl der Einreichungen wurden auch veröffentlicht (vgl. Jugendwerk der Deutschen Shell 1984). Der gesamte Bestand wurde im Archiv „Kindheit und Jugend im urbanen Wandel" am Interdisziplinären Zentrum für Bildungsforschung (IZfB) der Universität Duisburg-Essen für weiterführende Forschungen digitalisiert.

15   Aufgrund der Komplexität dieser Bildrekonstruktionen werden, zur besseren Nachvollziehbarkeit der forschungspraktischen Schritte, mögliche Bezüge für eine Theoretisierung erst abschließend ausgeführt.

Bildsegment I (linke obere Ecke): Der Formenalgorithmus dieses Bildsegmentes ist eher ein Nebeneinander von unregelmäßigen linear begrenzten Teilflächen, die als additive Vielheit auszuweisen sind. Zentral ist der gekrümmte Algorithmus. Damit wird hier eine Ordnung ausgewiesen, deren Teile zwar regelmäßig relationiert werden, die aber nur begrenzt vermessbar, geometrisch beschreibbar und damit technisch reproduzierbar sind. Die Bildelemente in diesem Segment sind somit gleichermaßen einzigartig ausgeformt.

Bildsegment II (rechte untere Ecke): Auch in diesem Bildsegment werden einzelne Bildteile nebeneinander in einer Fläche angeordnet. Auch hier wird eine additive Vielheit sichtbar, die aber durch eine linear-gerichtete Relationierung gekennzeichnet ist. Diese gerichteten Linien sind in der Verschränkung von Horizontalen und Vertikalen orthogonal, also rechtwinklig zueinander ins Verhältnis gesetzt und bilden in der Fläche ein unregelmäßiges Raster aus. Dennoch ist das Bildsegment durch seinen Formenalgorithmus vermessbar und könnte ohne Probleme in einer Nachzeichnung mit Lineal und Winkel kopiert werden.

Die Komposition der Collage wird somit durch eine kontrastive Gegenüberstellung von zwei dominanten Sinnordnungen bestimmt. Die beiden Bildsegmente weisen in ihrer jeweiligen Binnendifferenzierung Gemeinsamkeiten auf und zwar, dass sie regelhaft eine Vielheit von Bildelementen in der Fläche patchworkartig relationieren. Die Ausformung der Relationierungen unterscheidet sich jedoch: So werden die miteinander verknüpften Flächen im Segment I durch gekrümmte Linien, in Segment II durch gerade bzw. gerichtete Linien gerahmt. Damit werden im bedeutungsgenerierenden Algorithmus des Bildsegmentes I die einzelnen Elemente musterförmig als Vielheit einer kontingent ausgeformten Einzigartigkeit konturiert. Im Bildsegment II zeigt sich eher eine Vielheit von Elementen, die in unterschiedlichen Ausdehnungen technokratisch-vermessbar zugerichtet ist.

Formulierung einer ersten Strukturhypothese: Das Bild stellt zwei Sinnordnungen gegenüber, die kompositorisch eine Regelhaftigkeit in der Ausformung ihrer Bildelemente aufweisen. In der formalen Logik des Universalismus wird das Besondere einer allgemeinen, jedoch segmentdifferent ausgeformten Relationierung unterworfen. So werden zwei soziale Ordnungsbildungen in der Gesellschaft dichotom gegenübergestellt: eine Sinnordnung einerseits, die universalistisch die Ausformung von einzigartiger Individualität strukturell erzwingt; eine Sinnordnung andererseits, die genau diese individuelle Einzigartigkeit durch eine technokratische Zurichtung entlang vermessbarer Vorgaben negiert. Beide universalistischen Ordnungsprinzipien – der Individualisierungzwang wie auch Kollektivierungzwang – negieren somit strukturell die lebenspraktische Artikulation von differenten Lebensführungsprinzipien.

Kompositorische Variationen der Übergänge zwischen den dichotomen Bildsegmenten

Die Übergänge zwischen den differenten Formenalgorithmen beider Bildsegmente werden in einer diagonalen Zone, die schräg von der linken unteren Ecke in die rechte obere Ecke verläuft, komponiert. Feinanalytisch werden drei Variationen sichtbar, die jeweils einen spezifischen Umgang mit dichotom ausgeformten Differenzen präformieren:

Variante I: Der Übergang als Schnittstelle im ENTWEDER-ODER-Modus

In der Variante I wird eine Bewährungsdynamik präformiert, die im ENTWEDER-ODER-Modus eine eindeutige Positionierung erfordert. Eine solche Positionsbestimmung konstituiert in einer dichotomen Sinnordnung den Verweis auf eine darauf bezogene Opposition. Lebenspraktisch schließen hier Diskursformate der Kontroverse an.

Variante II: Der Übergang als Interferenz im SOWOHL-ALS-AUCH-Modus

Der Variante II ist die Bewährung immanent, die Dichotomie der Sinnordnungen als Alterität und damit als gleichwertige Möglichkeitsräume anzuerkennen. Handlungslogisch können in einer formenalgorithmischen Interferenzzone situationsabhängig die Optionen der differenten Sinnordnungen aufgegriffen oder miteinander verknüpft werden. Dieser SOWOHL-ALS-AUCH-Modus lässt sich lebenspraktisch durch ein Switchen bewältigen.

Variante III: Der Übergang als Fluchtlinie im WEDER-NOCH-Modus

Die Variante III entkoppelt von der Herausforderung, lebenspraktisch auf die dichotom relationierte Sinnordnung Bezug zu nehmen, indem durch eine Fluchtlinie ein neues eigenlogisches Werden hervorgebracht wird. Dieser WEDER-NOCH-Modus negiert demnach eine Positionierung zu bestehenden Sinnoptionen und verwirklicht durch Emergenz eine neue lebenspraktische Qualität.

Erweiterung der Strukturhypothese: Die Collage zeigt auf, wie die dichotome Sinnordnung der Gesellschaft interpretiert und lebenspraktisch bearbeitet werden kann: als eindeutige Positionierung im ENTWEDER-ODER-Modus; als situatives Switchen im SOWOHL-ALS-AUCH-Modus; als Werden einer Fluchtlinie, die im WEDER-NOCH-Modus an keine bestehende Sinnordnung direkt anschließt, vielmehr eine neue lebenspraktische Qualität sinnstiftend erzeugt.

Kompositionsanalytische Identifikation einer Fundamentalüberraschung

Die drei Bearbeitungsmodi der Differenz, die in den Übergängen der gegenüberstehenden Sinnordnungen präformiert werden, sind nun in der Collage kompositorisch nicht als gleichwertige Varianten ausgewiesen. Vielmehr wird die Fluchtlinien-Variante III als signifikant hervorgehoben. So zeigt sich kompositionsanalytisch, dass diese Variante in der Bildmitte der Gesamtkomposition als Fundamentalüberraschung in den Fokus der Aufmerksamkeit gerückt wird (vgl. Abb. 7.2). Wir haben es hier mit einer Fundamentalüberraschung zu tun, weil die Komposition der Bildmitte anders als die beiden dominanten Bildsegmente ausgeformt ist! Dies lässt sich systematisch entlang folgender Formenrelationen (vgl. Abs. 4.1.1) herausstellen:

- Das Lineare und das Malerische: Sind beide Bildsegmente kompositorisch linear binnendifferenziert, so ist die Fundamentalüberraschung malerisch ausgeformt. Das heißt, in ihrer Anschauung wird der Blick durch keine Leitbahnen präformiert. Die Fundamentalüberraschung hebt sich als analoge Fleckenerscheinung von der Gesamtkomposition ab (vgl. Wölfflin 1915/2004. S. 94).
- Die Fläche und die Tiefe: Die Komposition beider Segmente richtet den Blick auf der Bildoberfläche ein, wenn auch die Leitbahnen different ausgeformt sind. Dagegen wird der Blick bei der Anschauung der Fleckenerscheinung überraschend in die Tiefe der Unbestimmtheit geleitet. Das Auge wird der Fläche entzogen (vgl. ebd., S. 93).
- Die Geschlossenheit und die Offenheit: Sicher, der Bildrand begrenzt die beiden dominanten Bildsegmente, jedoch lässt sich deren Erweiterung sinnlogisch leicht antizipieren. Wir könnten unproblematisch in der Kompositionslogik noch Anschlüsse denken, die Collage selbst also für ein größeres Bildformat erweitern. Entgegen der Offenheit dieser Formenalgorithmen, wird der mittige Fleck aufgrund seiner markanten Randbegrenzung deutlich abgrenzend geschlossen. Die Fundamentalüberraschung wird so als autarkes Phänomen profiliert, das unvermittelt in der Mitte der Gesamtkomposition platziert wird (vgl. ebd., S. 159).
- Die Vielheit und die Einheit: Die beiden Formenalgorithmen lassen sich in ihrer kompositorischen Binnendifferenzierung als vielheitliche Einheit ausweisen. Einzelne Bezirke sind in der Logik einer fragmentierten Grammatik zwar eingebunden in ein Ganzes, können aber auch herausgelöst für sich betrachtet werden. Dagegen ist der mittige Fleck eine einheitliche Einheit, da es hier kein Zusammenspiel einzelner Bildteile oder -bezirke gibt (vgl. ebd., S. 216).

• Die Klarheit und die Unklarheit: Bringen die einzelnen Bildelemente in beiden
  Segmenten eine Sache klar zur Darstellung, ist das, WAS die Fundamentalüberraschung zeigt, unklar. Als mittige Fleckenerscheinung weist sie keinerlei
  empirische Evidenz der Bilddarstellung auf (vgl. ebd., S. 229).[16]

Zusammenfassend lässt sich formulieren: In der Mitte der Gesamtkomposition wird
auf eine Fundamentalüberraschung fokussiert, die sich in ihren Formenrelationen
signifikant von der Gesamtkomposition abhebt. In signifikanter Differenz zu den
dichotomen Bildsegmenten ist deren Ausformung analog, in die Tiefe gerichtet,
autark geschlossen, kohärent und unklar. Übertragen auf den Fall hat die Fundamentalüberraschung die ordnungsbildende Bedeutung einer „Fluchtlinie" (vgl. z. B.
Deleuze/Guattari 2002, S. 700f.). Die neue lebenspraktische Qualität grenzt sich
als eine geschlossene Einheit der Unbestimmtheit exklusiv von der dichotomen
Sinnordnung der Gesellschaft ab. Die Fundamentalüberraschung wird somit in
deutlicher Differenz zur Gesamtkomposition als Tabula rasa in das Zentrum gerückt.

Erweiterung der Strukturhypothese: Bezogen auf die dichotome Sinnordnung der
Gesellschaft wird das Augenmerk auf eine Bewältigungsstrategie gerichtet. Diese
zielt auf die Verwirklichung einer Fluchtlinie aus den strukturellen Zwängen universalistischer Normierungen und die Hervorbringung einer neuen Lebenspraxis,
die als bestimmte Unbestimmtheit ausgewiesen wird.

Umsetzung von Parallelprojektionen zur Komposition der Bildsegmente und der Fundamentalüberraschung

Um bei einer Kontrastierung von Bildern oder wie in diesem Fall von Bildsegmenten
die Evidenz von Parallelprojektionen zu steigern, empfiehlt es sich, die Bildauswahl
entlang vergleichbarer Kategorien vorzunehmen (vgl. Abs. 4.2.2 und Anlage 1, auch
3.3). Für das Bildsegment I und II wurden hier etwa Formenmuster entlang der
analytischen Kategorien von Steinen, Menschen und Architekturen aufgegriffen.

---

16 Die Kategorie „Die Klarheit und Unklarheit" erfordert streng genommen eine gestalt-
    analytische Betrachtung, der hier vorgegriffen wurde und die im Folgenden genauer
    ausgeführt wird. Dabei wird auch Bezug auf die Verschränkung von Bild und Text
    genommen (vgl. Exkurs in Abs. 7.2.2).

Parallelprojektionen zum Bildsegment I (Kategorien: Steine, Menschen, Architekturen)

Abb. 7.3 Parallelprojektionen zur Komposition – Fallbeispiel 3/Bildsegment I: Steine (Bild 1), Menschen (Bild 2), Architekturen (Bild 3)

Die organisch-gekrümmte Formenlogik von Bildsegment I ist formgebend für abstrakte Symbolisierungen von Ereignissen, die durch eine Einzigartigkeit gekennzeichnet und also nicht technisch reproduzierbar sind. Dies zeigt sich etwa bei naturbelassenen Steinen (vgl. Abb. 7.3, Bild 1). Bei Menschenansammlungen (vgl. Abb. 7.3, Bild 2) kennzeichnet diese Form eine Meute und bezeichnet damit eine spezifische Art der sozialen Mannigfaltigkeit in fluider Bewegung, die durch Konnexion und Heterogenität strukturiert ist. Mit Bezug auf Architekturen zeigen sich Parallelen zu Zeltlandschaften (vgl. Abb. 7.3, Bild 3) und also zu Behausungen, die eine nomadenhafte Mobilität möglich machen.

Parallelprojektionen zum Bildsegment II (Kategorien: Steine, Menschen, Architekturen)

Abb. 7.4 Parallelprojektionen zur Komposition – Fallbeispiel 3/Bildsegment II: Steine (Bild 1), Menschen (Bild 2), Architekturen (Bild 3)

Die Parallelprojektionen zu Bildsegment II machen die kompositorische Bedeutung einer Ordnung der reproduzierbaren Zurichtung von Elementen durch (geo-)

metrische Relationierungen deutlich. Die Pflastersteine sind in ihren Größenverhältnissen so zugerichtet, dass sie insgesamt eine Fläche ergeben (vgl. Abb. 7.4, Bild
1). Die Vervielfältigungsmöglichkeiten durch Technologie lässt sich auch auf das
Bild einer Fabrikation des Menschen übertragen (vgl. Abb. 7.4, Bild 2). Deutlich
wird, dass so nicht eine Meute, vielmehr die Sozialform einer Masse hervorgebracht
wird, deren Steuerung und Kontrolle auch in Architekturen der Sesshaftmachung
ökonomisiert werden kann (vgl. Abb. 7.4, Bild 3).

Kontrastiert man die Ergebnisse der kompositorischen Formenanalyse beider Bild-
segmente, werden hier die Formenalgorithmen zweier Sinnordnungen von Sozialität
mit ihren korrespondierenden Gesellschafts- und Körperbildern thematisch: der
ereignishafte Weltzugang der Meute auf der einen Seite und der reproduzierbare
Weltzugang der Masse (vgl. Canetti 2006, S. 109ff.; Deleuze/Guattari 2002, S. 52ff.).
Ist die Meute eine nomadenhafte Sozialform, die sich aus einer dynamischen
Vielfalt von Einzigartigkeiten konstituiert, ist die geschlossene Masse eher durch
Sesshaftigkeit in der kopierenden Wiederholung eines vorgegebenen Standards
begründet (vgl. weiterführend Deleuze/Guattari 2002, S. 525f.).

Parallelprojektionen zur Fundamentalüberraschung im Verhältnis zur Gesamtkomposition

In der Mitte des Bildes, und damit im Epizentrum des Aufeinandertreffens der wider-
streitenden Formenalgorithmen von Bildsegment I und II, ist eine Fundamentalüberraschung platziert, die bereits kompositionsanalytisch als Tabula rasa ausgewiesen wurde.

Abb. 7.5 Parallelprojektionen zur Komposition – Fallbeispiel 3/
Fundamentalüberraschung: Fenstereinschlag (Bild 1), Puzzle (Bild 2),
Plakatwand (Bild 3)

Über Parallelprojektionen wird sichtbar, dass der dramatische Formenbruch in
der Mitte der Gesamtkomposition unterschiedlich motiviert sein kann: in einer

gewaltvollen Zerstörung einer vorgängigen Ordnung (vgl. Abb. 7.5, Bild 1), in einer noch nicht erfolgten Überformung der Stelle durch eine neu zu etablierende Ordnung (vgl. Abb. 7.5, Bild 2), in einer Freilassung innerhalb einer gegebenen Ordnung (vgl. Abb. 7.5, Bild 3). Gleich welches Motiv die Leerstelle begründet, sie verweist auf einen tieferliegenden Grund, der eine Ebene hinter den flächenhaften Formenalgorithmen der dichotomen Bildkomplexe verortet liegt.

Erweiterung der Strukturhypothese: Zentrales Thema der Gesamtkomposition ist der Widerstreit von zwei Sinnordnungen, die sich als Gegenüberstellung von universalistischen Lebensführungsprinzipien einer nomadenhaften Meute einerseits und einer sesshaften Masse andererseits konkretisieren lassen. Vor diesem Hintergrund wird auf eine Fluchtlinie fokussiert, die in die Unbestimmtheit einer neuen Lebenspraxis aufbricht.

7.1.2 Rekonstruktionsfokus: Choreographie der Blickbewegung

Die patchworkartige Komposition der dominanten Bildsegmente I und II präformiert eine Blickbewegung, die wie bei der Betrachtung eines Mosaiks die Gesamtheit der Elemente räsonierend zu erfassen sucht (vgl. Abb. 7.6, Bild 1 und 2). Entlang des Aufeinandertreffens beider Segmente fließt der Blick diagonal von der linken unteren Ecke in Richtung der rechten oberen Ecke. Jedoch wird dieser Verlauf mittig durch die Fundamentalüberraschung unterbrochen und fixierend in die Unbestimmtheit der Tiefe gezogen (vgl. ebd.).

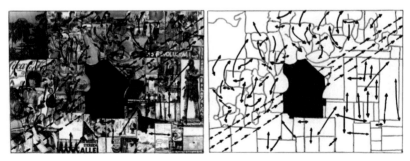

Abb. 7.6 Anschauungsprotokoll zur Choreographie – Fallbeispiel 3: Originalbild mit Anschauungsprotokoll (Bild 1), Erweitertes Anschauungsprotokoll Komposition-Choreographie (Bild 2)

Gerade die Gleichzeitigkeit differenter Blickbewegungen in der Spannung von mosaikförmigem Räsonieren (Dichotomie der Bildsegmente I und II), dezentrierendem Verflüssigen (Diagonale des Übergangs) und fixierendem Stillstellen (Mitte der Fundamentalüberraschung) begründet die Komplexität der Darstellung, die somit ‚auf den ersten Blick‘ nicht zu erfassen ist.

Erweiterung der Strukturhypothese: Die Gesellschaft als dichotome Sinnordnung sowie die Fluchtlinie als darauf bezogene und priorisierte Bewältigungsstrategie wird in der Gleichzeitigkeit unterschiedlicher Bewegungen dargestellt. Damit wird eine enorme Komplexität erzeugt, die erst bei genauerer Betrachtung erfasst werden kann.

7.1.3 Rekonstruktionsfokus: Perspektivität der Blickpositionierung

Erweiterung des Anschauungsprotokolls um die Blickpositionierung

Die Gesamtkomposition versetzt die Betrachter:innen in eine Vogelperspektive. Die Blickpositionierung wird direkt mittig mit frontalem Bezug auf die Fundamentalüberraschung präformiert (vgl. Abb. 7.7, Bild 1 und 2).

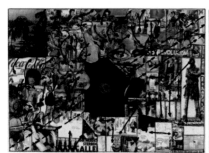

Abb. 7.7 Anschauungsprotokoll zur Perspektivität – Fallbeispiel 3: Originalbild mit Anschauungsprotokoll (Bild 1), Anschauungsprotokoll Komposition-Choreographie-Perspektivität (Bild 2)

Umsetzung von Parallelprojektionen zur Perspektivität

Parallelprojektionen zur Perspektivität des Gesamtbildes

In der formenanalytischen Betrachtung der Perspektivität des Gesamtbildes drängen sich Familienähnlichkeiten zu Satellitenaufnahmen auf, die zwei unterschiedlich ausgeformte Topographiesegmente zeigen, die diagonal durch eine Übergangszone getrennt sind. Solche Übergangszonen können topographisch Flüsse (vgl. Abb. 7.8, Bild 1) oder Ufer (vgl. Abb. 7.8, Bild 2) sein.

Abb. 7.8 Parallelprojektionen zur Perspektivität – Fallbeispiel 3/Bildsegment I und II: Satellitenaufnahme Fluss (Bild 1), Satellitenaufnahme Ufer (Bild 2)

Übertragen auf die Collage wird das Bild durch die Betrachter:innenpositionierung zu einer topographischen Skizze soziokultureller Dichotomien. Die Binarität der Gesellschaft wird entlang der zwei dominanten Werte- und Normenorientierungen kartiert.

Parallelprojektionen zur Perspektivität der Fundamentalüberraschung

Inmitten der gespaltenen Gesellschaft hebt sich die Fleckenerscheinung hervor (vgl. Abb. 7.9, Bild 1). In der Kategorie topographischer Satellitenaufnahmen liegen hier Parallelprojektionen zu Abbildungen von analogen, nicht urbanisierten Zonen nahe, wie Wüsten (vgl. Abb. 7.9, Bild 2) oder Seen (vgl. Abb. 7.9, Bild 3). Auch zeigt sich eine Familienähnlichkeit zu schematischen kartographischen Darstellungen von Umrissen und Ausdehnungen konkreter Länder (vgl. Abb. 7.9, Bild 4).

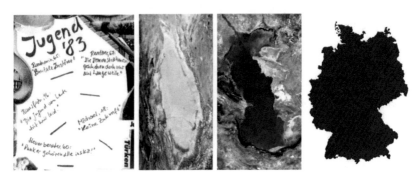

Abb. 7.9 Parallelprojektionen zur Choreographie – Fallbeispiel 3/ Fundamentalüberraschung: Originalbild/Fundamentalüberraschung (Bild 1), Satellitenaufnahme Wüste (Bild 2), Satellitenaufnahme See (Bild 3), Kartenumriss Nationalstaat (Bild 4)

Die Parallelprojektionen qualifizieren die Fluchtlinie als De-Territorialisierung kulturell anerkannter Lebensführungsprinzipien (vgl. Bildsegmente I und II), die eine Re-Territorialisierung eines noch unbesetzten Landes präformiert (vgl. Fundamentalüberraschung).

Erweiterung der Strukturhypothese: Durch die Betrachter:innenpositionierung wird das Bild als eine Topographie der gespaltenen Gesellschaft rezipierbar. Im normativen Widerstreit wird eine Fluchtlinie begründet, die eine kulturell noch nicht codierte Sinnordnung der absoluten Unbestimmtheit territorialisiert: das Jungsein heute.

7.2   Gestaltanalyse

7.2.1   Rekonstruktionsschritt: Verhältnissetzung von Formenrelationen und Phänomensinn

Explikation des Phänomensinns

Das Segment I stellt patchworkartig Bildelemente dar, die auf die Bereiche der Mode, der Musik und des Urlaubs verweisen. Übergreifend rücken damit Freizeitaktivitäten in den Blick, die individuelle Bedürfnisse befriedigen und hedonistische Orientierungen ansprechen. Das Segment II verweist dagegen in den Bilddarstellungen auf

Bereiche des Staates als bürokratischen, reglementierenden und unterdrückenden Apparat. Deutlich wird demnach eine utilitaristische Orientierung, die im Namen einer technokratischen Optimierung eines kollektiven Selbst, das individualisierte hedonistische Begehren negiert. Die Fundamentalüberraschung ist eine weiße Fläche, die händisch mit schwarzen Schriftzügen beschrieben wurde.

Verhältnissetzung des Phänomensinns zu den Formenalgorithmen

Hochgradig konsistent manifestieren sich die Bedeutungen der rekonstruierten Formenalgorithmen von Bildsegment I und II in den sichtbaren Ausdrucksgestalten: Da sind einerseits die universalistisch ausgeformten Spielräume, die im Freizeitbereich strukturell einzigartige Individualität erzwingen: durch die Ästhetisierung des körperbezogenen Nahraums (Posen, Mode, Reisen) soll der Einzelne in der Meute seine Unverwechselbarkeit behaupten. Andererseits sind da die universalistisch ausgeformten Spielräume, die entlang vermessbarer Standards durch staatliche Steuerung im öffentlichen Raum der Arbeit und Verwaltung ein kollektives Selbst zurichten. Aber eben diesem Widerstreit zwischen Individualisierungszwang in privaten und dem Kollektivierungszwang in öffentlichen Bereichen, ist eben der Zwang als strukturelle Negation von lebenspraktischer Autonomie gemeinsam. Und dieser Bestimmtheit des kulturellen Universalismus sucht die Fluchtlinie zu entkommen, indem sie eine neue Lebenspraxis in der Unbestimmtheit territorialisiert.

7.2.2 Rekonstruktionsschritt: Gestaltanalytische Parallelprojektionen zum ausgeformten Phänomensinn

Gestaltanalytische Parallelprojektionen zum Bildsegment I

Die Bildgestalt im Segment I zeigt eine Familienähnlichkeit zu Abbildungen, die als Highlights im Freizeitbereich auf Postkarten abgebildet sind (vgl. Abb. 7.10, Bild 2). Auch lassen sich Parallelprojektionen zu Publikumszeitschriften im Unterhaltungsbereich vornehmen (vgl. Abb. 7.10, Bild 3). Solche bunten Illustrierten zielen auf die Veranschaulichung, Setzung und Perpetuierung von Trends und stellen oft reich bebilderte Angebote zur ästhetischen Adaption von Stilen dar, die gemeinschaftsbildend sind und Zugehörigkeit verheißen.

Abb. 7.10 Gestaltanalytische Parallelprojektionen – Fallbeispiel 3/Bildsegment I:
Originalbild (Bild 1), Postkartenwand (Bild 2), Illustrierte (Bild 3)

Eingelassen in eine universalistisch ausgerichtete Gesellschaft, lässt sich diese
Strategie der hedonistisch ausgerichteten Produktwerbung als Technik einer Kul-
turindustrie ausweisen. Sie zielt auf die Setzung von Moden als eine Normierung
und Manipulation des Geschmacks.

Gestaltanalytische Parallelprojektionen zu Bildsegment II

Die Bildgestalt des Segmentes II zeigt eine Familienähnlichkeit zu Werbungsseiten in
Zeitungen, die auf Anbieter von Dienstleistungen verweisen. Ungleiche Raster sind mit
Berichterstattungen gefüllt, die weniger der Unterhaltung, vielmehr der Information
dienen (vgl. Abb. 7.11, Bild 2). Auch weisen die Anordnungen von berichterstattenden
Nachrichten in diesem Publikationsformat gestaltbezogene Ähnlichkeiten auf (vgl.
Abb. 7.11, Bild 3). Bezogen auf das Bildsegment II wird damit eine Bedeutung der
Bildelemente generiert, die vergleichbar mit journalistisch aufbereiteten Analysen
und Kommentierungen gesellschaftsrelevanter Probleme und Ereignisse ist.

Abb. 7.11 Gestaltanalytische Parallelprojektionen – Fallbeispiel 3/Bildsegment II:
Originalbild (Bild 1), Zeitungsanzeigen (Bild 2), Zeitungsseite/Nachrichten
(Bild 3)

Das Format von Zeitungen in konservativ-utilitaristischen Gesellschaften ist ein Massenmedium, das einerseits dienstleistungsorientiert wirbt und andererseits öffentliche Meinungsbildung unterstützt. Entsprechend wird im Bildsegment II ein funktionales Potenzial präformiert, das im Spektrum von Aufklärung und Ideologisierung einer Masse eingesetzt werden kann.

Gestaltanalytische Parallelprojektionen zur Fundamentalüberraschung

Die Fundamentalüberraschung der Tabula rasa ist durch Textfragmente beschrieben. Der analoge Untergrund und die Notierung haben eine gestaltbezogene Ähnlichkeit zu Protokollierungen von Ideen auf Flipcharts bei einem Brainstorming (vgl. Abb. 7.12, Bild 2). Brainstroming wird etwa im Bereich der Werbung oder Produktentwicklung angewendet, wenn neue Perspektiven freigesetzt werden sollen. Damit wird hier eine Fluchtlinie ausgewiesen, die noch in der emergenten Phase ist, sich also noch nicht inhaltlich-konzeptionell konsolidiert hat. Die neue Qualität ist vorerst noch Ergebnis eines freien Assoziierens und Phantasierens.

Auch liegt eine gestaltbezogene Familienähnlichkeit zu handgeschriebenen Plakaten nahe, die demonstrativ Meinungsäußerungen zum Ausdruck bringen (vgl. Abb. 7.12, Bild 3). In ihrem plakativen Duktus sind sie hochgradig gemeinschaftsstiftend.

Abb. 7.12 Gestaltanalytische Parallelprojektionen – Fallbeispiel 3/ Fundamentalüberraschung: Originalbild/Ausschnitt Fundamentalüberraschung (Bild 1), Brainstormingprotokoll (Bild 2), Demonstrationsplakat (Bild 3)

Erweiterung der Strukturhypothese: Was ‚Jung-Sein heute' ist, lässt sich vor dem Hintergrund der universalistisch ausgerichteten Werte- und Normendifferenz der Gesellschaft nicht eindeutig konsensuell beantworten. Vielmehr gilt es eine neue Idee davon zu entwickeln. Erste unsortierte plakative Fragmente werden demonstrativ entäußert und bestätigen somit die formenalgorithmische Bedeutung der Fundamentalüberraschung als Epizentrum einer Bestimmungskrise.

Exkurs: Bild und Text in der Fundamentalüberraschung

Zuerst ein allgemeiner forschungspraktischer Hinweis: Auch in der Bildrekonstruktion werden wir mit Texten konfrontiert. Wie geht man damit um? Gerade an dieser Stelle des Rekonstruktionsprozesses ist es durchaus instruktiv, vor dem Hintergrund der Strukturhypothese eine rekonstruktive Sequenzanalyse der Textfragmente vorzunehmen.[17] Ohne hier eine ausführliche Rekonstruktion vorzustellen, soll zumindest schlaglichtartig das Potenzial aufgezeigt werden.

Betrachten wir also die Textsequenzen, mit denen die Tabula rasa der Fundamentalüberraschung beschrieben ist:

„Jugend '83
Rentnerin, 65: ‚Brutale Zerstörer'
Rentnerin, 67: ‚Die Demonstrationen geschehen doch nur aus Langeweile'
Hausfrau, 46: ‚Die Jugend von heute tut mir leid'
Michael, 18: ‚Keine Zukunft'
Steuerberater, 60: ‚Punker gehören alle ins KZ!'"

Die Rekonstruktion der Sequenzen hebt die bildrekonstruktiv hergeleitete Strukturhypothese einer Bestimmungskrise von dem, was „Jugend '83" ist, nicht auf. Vielmehr wird ihre Unbestimmtheit im Widerstreit gesellschaftlicher Sinnordnungen bestätigt. Dies insofern, als die Sequenzen persönliche Statements sind, die im plakativen Duktus stereotyper Zuschreibungen formuliert werden. Die Jugend wird dabei hoch ambivalent adressiert: Zum einen restriktiv abwertend als kollektive Gefahr, als subkulturelles Risiko der Gesellschaft und als provozierende Orientierungslose, die Aufmerksamkeit begehren; zum anderen empathisch aufwertend als betroffene

---

17 Für eine Sequenzanalyse von transkribierten Protokollen sollte die Objektive Hermeneutik zur Anwendung kommen (vgl. z.B. Oevermann 1993; Wernet 2009; zu ersten Überlegungen einer Verhältnissetzung von Objektiver und Morphologischer Hermeneutik: vgl. Böhme/Flasche 2017).

Opfer der aktuellen Situation und ohnmächtige Perspektivlose. So manifestiert sich in den Meinungsäußerungen selbst eine Dichotomie der Bezugnahme auf Jugend.

7.3 Formulierung einer These zur Bedeutungsimmanenz des Bildes

Die Collage präsentiert die Topographie eines Widerstreites von zwei dominanten Sinnordnungen in der Gesellschaft: Einerseits wird in Hinsicht auf den privaten Raum auf einen Individualitätszwang verwiesen, der eine hedonistisch ausgerichtete Meute hervorbringt, die durch Moden kollektiv ästhetisiert wird. Andererseits wird der öffentliche Bereich durch ökonomisierende Zurichtung und utilitaristische Optimierung von Massen gekennzeichnet. Je nachdem, welche Perspektive auf die damit verbundenen Sinnangebote eingenommen wird, lässt sich die Frage eines ‚Jung-Seins heute‘ unterschiedlich beantworten. Das Ergebnis ist also abhängig von dem Bearbeitungsmodus des Widerstreites: entweder man positioniert sich einseitig in der Kontroverse oder man verknüpft situativ beide Sinnordnungen. Die Collage wirbt jedoch demonstrativ weder für die eine noch andere Verhältnissetzung, sondern für eine dritte Variante: Es ist die Flucht in eine neue Lebenspraxis, in der ‚Jung sein heute‘ als Bestimmungsproblem anerkannt wird. Die Unbestimmbarkeit sozialer Kategorien wird hier als neue strukturelle Normalität in das Zentrum gerückt.

Bezüge für eine Theoretisierung: Die dichotome Sinnordnung, die als gesellschaftliche Topographie mit der Collage zum Ausdruck gebracht wird, lässt sich etwa mit Baumans These (2005) zu einem Wandel von Körper- und Gesellschaftsbildern in den 1980er Jahren verschränken. Auf der einen Seite die neue Konsumentengesellschaft, in der die Körper aus einer hedonistischen Sorge heraus durch Fitness optimiert werden (ebd., S. 200). Auf der anderen Seite die Produzentengesellschaft, die dem fordistischen Körper eine Gesundheitsfürsorge zukommen lässt, um seine Leistungsfähigkeit zu erhalten (ebd., S. 197 f.). Auf der einen Seite also eine Normierung zur Erlebnisintensität, auf der anderen Seite eine Normierung zur (Selbst-) Disziplinierung. In diesem Nebeneinander von differenten Lebensführungsprinzipien und Sinnangeboten bricht die gesellschaftliche Kohärenz in einer anomischen Struktur auf und setzt eine Relativierung universalistischer Geltungsansprüche von Werten und Normen frei (vgl. Durkheim 1999). Darin begründet ist nun auch die Bestimmungsproblematik, was ‚Jung-Sein heute‘ ist (vgl. Heinen/Wiezorek/

Willems 2020). Die favorisierte Antwort der Collage ist: im Stroboskopgewitter der Konstruktionen die Unbestimmbarkeit dieser sozialen Kategorie anzuerkennen.

Abschließende Bemerkungen zum ikonoklastischen Rationalitätsmythos in der qualitativen Sozialforschung

Es ist ein beobachtbares Faktum, dass bildrekonstruktive Arbeiten in der Sozialforschung immer noch unterrepräsentiert sind. Gründe lassen sich zum einen in den Gegenstandsfeldern der Disziplinen suchen, zum anderen aber auch in dem anerkannten und daher auch dominanten Modus Operandi sozialwissenschaftlicher Erkenntnisgenerierung: Aus einer wissenschaftstheoretischen Perspektive lässt sich in Hinsicht auf die qualitative Sozialforschung behaupten, dass empirische Geltungsansprüche von Aussagen am Leitmedium Wort und Schrift orientiert sind. Diese forschungslogische Schriftdominanz zeigt sich sowohl in den etablierten Erhebungs- und Auswertungsmethoden als auch in Ergebnisdarstellungen. Die sozialwissenschaftliche Erschließung und Thematisierung von lebenspraktischen Sinnordnungen erfolgt in der Regel versprachlicht bzw. verschriftlicht. Damit werden polymorphe Sinnordnungen durch einen typographischen Formenalgorithmus dominiert, der durch eine Linearität, Sequenzialität und Hierarchie von Aussagen gekennzeichnet ist.

Die Aufarbeitung der Entstehungsgeschichte dieser Schriftdominanz steht noch aus, wäre jedoch zur Befremdung der eigenen Wissenschaftskultur auch in der qualitativen Sozialforschung notwendig. In diesem Rahmen soll lediglich kursorisch auf drei Linien verwiesen werden, in denen die Schriftdominanz im sozialwissenschaftlichen Diskurs kulturhistorisch begründet sein könnte: Disziplingeschichtlich findet die qualitative Sozialwissenschaft in geisteswissenschaftlichen Denktraditionen ihre Vorläufer. Verfolgt man kursorisch signifikante Linien in der abendländischen Wissenschaftstradition der Geistes- und Sozialwissenschaften, stößt man auf weitreichende Problematisierungen der Evidenz des Bildes. Einige Schlaglichter sollen dies verdeutlichen.

In der Theologie rückt dabei der Diskurs um die ‚Bilderstürmerei‘ in den Blick. Damit eng verbunden ist der Begriff ‚Ikonoklasmus‘ (von altgriechisch eikòn ‚Bild, Abbild‘ und klasma ‚zerbrechen‘ abgeleitet), der das Zerstören von Bildern der eigenen Religion bezeichnet, um lebenspraktisch Götzenanbetung zu verhindern (vgl. Schnitzler 2000). Und auch die säkularisierte Reflexion des Bildes in der modernen Philosophie zeigt starke Linien auf, in denen eine Skepsis gegenüber dem Bild und seiner Anschauung als belastbare wissenschaftliche Erkenntnisquelle fortgeschrieben wird. Hier sei beispielhaft auf Cassirers „Philosophie der symbolischen Form" verwiesen (1994, III, S. 329ff.). In dieser Abhandlung wird die erkenntnisgenerierende Transformation der Anschauung von der Welt, durch ein begriffliches Erfassen mit einem phonetischen Schriftsystem als höchste Errungenschaft im Zivilisationsprozess begründet und als voraussetzungsreiche Grundlage für Rationalisierungsprozesse und die Entstehung moderner Wissenschaft ausgewiesen. Damit korrespondieren Arbeiten aus der Ethnologie, die das „Wilde Denken" (vgl. Lèvi-Strauss 1991) als eines kennzeichnen, das beim Verstehen von Wirklichkeit in der mythischen Anschauung verbleibt, da die beobachtete Sache lediglich im Bild thematisiert und eben nicht in die abstrakte Logik des Begriffs überführt wird. Schließlich reiht sich in diese Argumentationskette eine Sozialwissenschaft ein, die in einem ‚linguistic turn' einen Textbegriff etablierte, in dem der Eigenwert des Bildes negiert wird (vgl. Arbeitsgruppe Bielefelder Soziologen 1981). Diese hier keineswegs systematisch aufgeführten Diskurslinien zum Bild im Wissenschaftssystem umfassend aufzubereiten und in ihrem Verlauf bis in die Gegenwart nachzuzeichnen, wäre sicher ein wichtiger Beitrag, den aktuellen Stellenwert des Bildes in der qualitativen Sozialforschung zu verstehen.

Hier aber bleibt uns festzustellen: Zwar gab es durchaus Versuche, wissenschaftliche Erkenntnisse im (bewegten) Bild zum Ausdruck zu bringen (vgl. z. B. Unger 2011; Mohn/Amann 2006). Diese haben jedoch kaum Beachtung gefunden. Auch bildrekonstruktive Forschung ist aktuell noch unterrepräsentiert. Zwar finden sich kleine Einzelfallstudien, jedoch nur wenige empirisch begründete Theoriebildungen zu systematischen Fragestellungen (vgl. z. B. für die Objektive Hermeneutik: Pilarczyk/Mietzner 2005; für die Dokumentarische Methode: z. B. Przyborski 2017). Dies betrifft auch Studien zum kulturhistorischen Bedeutungswandel des Bildes selbst. Solche Arbeiten würden zur empirischen Begründung von Bildtheorien und möglicherweise zu einer Dekonstruktion des ikonoklastischen Rationalitätsmythos in der qualitativen Sozialforschung beitragen. Warum lassen sich hier Desiderate feststellen?

Die hier behauptete Marginalisierung des Bildes in der qualitativen Sozialforschung ist auch in den sozialisierten Deutungsmustern der Wissenschaftler:innen selbst begründet. Denn wenn für Geltungsbegründungen von Aussagen im Wissenschaftssystem die Schriftsprache das zentral anerkannte Medium ist, haben Forscher:innen entsprechend erfolgreich eine medienspezifische Sozialisation durchlaufen, für die anzunehmen ist, dass die Beschäftigung mit dem Bild als Erkenntnisquelle und damit verbundene methodisch-methodologische Fragen eher randständig bleibt. Dies zeigt sich etwa darin, dass Forschungsarbeiten, die ‚nur‘ bildbasiert sind, als besonders originell thematisiert und innovativ begutachtet bzw. rezensiert werden.

Unbedingt sind jene strategischen Argumente zu entkräften, die auf eine Riskanz der Anerkennung von bildrekonstruktiven Studien im Rahmen einer Qualifikationsarbeit oder bei Drittmitteleinwerbungen verweisen. Nimmt man die medienkulturelle These vom bedeutungsgenerierenden Eigenwert des Bildes ernst, dann kann Forschung, die typographisches Datenmaterial in das Zentrum stellt, weder mit einem höheren Geltungsanspruch rangieren noch lediglich durch Bildanalysen ergänzt werden. Vielmehr sind dann solche letztgenannten Projekte mit mediendifferentem Datenmaterial als herausfordernde Triangulationsvorhaben auszuweisen!

Somit wird hier behauptet: Die Marginalisierung des Bildes als Erkenntnisquelle ist in der medienspezifischen Ausformung der Sozialforschung begründet und drängt nach einer neuen Aufmerksamkeit für das Ikonische – und dies auch angesichts seines Bedeutungswandels in den Mediengefügen der Netzwerkkultur. So verspricht eine Fokussierung auf das Bild in der Forschung ‚blinde Flecken‘ des weitreichend noch typographischen Wissenschaftsbetriebes qualitativer Sozialforschung aufzuzeigen, auszuleuchten und dabei neue, vielleicht auch irritierend neue Erkenntnisse sichtbar und schließlich auch sagbar zu machen.

Danksagung

Dieser Band dokumentiert das Ergebnis eines nunmehr über zehnjährigen Forschungszeitraums, in dem die Profilierung der Morphologischen Hermeneutik immer wieder die Debatten bestimmt hat.

Als Autoren stehen auf dem Cover dieses Bandes zwei Namen in der Verantwortung für das Geschriebene. Aber die Entwicklung dieses bildrekonstruktiven Verfahrens ist Ergebnis vieler Diskurse mit Weggefährten in der Zunft. Ihnen gebührt Dank: Werner Helsper, der darauf insistierte, nicht nur die Forschungspraxis einer Methode, sondern auch deren grundlagentheoretische Fundierung zu durchdringen. Dieser Anspruch wurde auch für die Begründung dieses Verfahrens angelegt. Michael Müller, der mit seinem bildrekonstruktiven Ansatz der Figurativen Hermeneutik oft Anfragen formulierte, die eine Präzisierung der morphologischen Herangehensweise erzwang. Der Deutschen Forschungsgemeinschaft, die durch eine Finanzierung von sechs Jahren Forschung zu Fotos von Schularchitekturen einen Rahmen für die Methodenentwicklung ermöglicht hat. Ina Herrmann und Viktoria Flasche, die sich in diesen Projekten mit Geduld und Offenheit den Methodendiskursen gestellt haben. Kolleginnen und Kollegen, wie Nicolle Pfaff und Helmut Bremer, die mit Interesse unseren forschungspraktischen Vorstößen sowie Überlegungen begegnet sind und uns so, teilweise ohne es zu wissen, Rückenwind für ein Weiterarbeiten gaben, wenn die Puste ausging. Thorsten Hertel, der uns abschließende Korrekturhinweise zum Skript auch in Hinsicht auf die Nachvollziehbarkeit gab. Ein Dank gilt auch Beate Täsch, die uns den Rücken im Unialltag freihielt, wenn wir uns in unseren Büros in Klausur begeben haben sowie Alissa und Michael, die uns bis in die späten Abendstunden treulich und geduldig diskutieren und schreiben ließen. Schließlich sind wir dankbar für eine Zeit, in der wir als Autoren miteinander einen wissenschaftlichen Diskurs wie in einem BILDER-Buch erlebt haben.

Literaturverzeichnis

Albrecht, Jörn (1988): Europäischer Strukturalismus. Tübingen: UTB Francke

Arbeitsgruppe Bielefelder Soziologen (Hrsg.) (1981): Alltagswissen, Interaktion und gesellschaftliche Wirklichkeit. Wiesbaden: Springer Verlag

Arnheim, Rudolf (1996): Die Macht der Mitte. Eine Kompositionslehre für die bildenden Künste. Köln: DuMont

Barck, Karlheinz (1997): Harold Adam Innis – Archäologie der Medienwissenschaft. In: Barck, Karlheinz (Hrsg.): Harold A. Innis – Kreuzwege der Kommunikation. Wien/ New York: Springer Verlag, S. 3–13

Boehm, Gottfried (1996): Die Arbeit des Blickes. In: Imdahl, Max (1996a): Gesammelte Schriften. Bd. 3: Reflexion, Theorie, Methode. Frankfurt a. M.: Suhrkamp Verlag, S. 7–41

Böder, Tim/Eisewicht, Paul/Mey, Günter/Pfaff, Nicolle (Hrsg.) (2019): Stilbildungen und Zugehörigkeit. Materialität und Medialität in Jugendszenen. Wiesbaden: Springer VS

Böder, Tim/Pfaff, Nicolle (2018): Zines als mediales Gedächtnis für politische Projekte in Szenen? Verhältnisbestimmungen zwischen Sozialstruktur und ästhetischer Praxis in jugendkulturellen Stilen. In: JuBri-Forschungsverbund Techniken jugendlicher Bricolage (Hrsg.): Szenen, Artefakte und Inszenierungen. Interdisziplinäre Perspektiven. Wiesbaden: Springer VS, S. 101-132

Böhme, Jeanette (2018): Pädagogische Morphologie: Räume als materiale Sinnformen pädagogischer Praxis. In: Glaser, Edith/Koller, Hans-Christoph/Thole, Werner (Hrsg.): Räume für Bildung – Räume der Bildung. Beiträge zum 25. Kongress der Deutschen Gesellschaft für Erziehungswissenschaft. Opladen/Berlin/Toronto: Verlag Barbara Budrich, S. 417–427

Böhme, Jeanette (2015): Schulkulturen im Medienwandel. Erweiterung der strukturtheoretischen Grundannahmen der Schulkulturtheorie und zugleich Skizze einer medienkulturellen Theorie der Schule. In: Böhme, Jeanette/Hummrich, Merle/Kramer, Rolf-Torsten (Hrsg.): Schulkultur. Theoriebildung im Diskurs. Wiesbaden: Springer VS, S. 401–428

Böhme, Jeanette (2013a): Schulische Raumentwürfe. In: Kahlert, Joachim/Nitsche, Kai/ Zierer, Klaus (Hrsg.): Räume zum Lehren und Lernen. Perspektiven einer zeitgemäßen Schulraumgestaltung. Bad Heilbrunn: Klinkhardt Verlag, S. 133–144

Böhme, Jeanette (2013b): Surfen. Raumpraktiken nautischer Nomaden. In: Westphal, Kristin/Jörissen, Benjamin (Hrsg.): Vom Straßenkind zum Medienkind. Raum- und Medienforschung im 21. Jahrhundert. Weinheim: Beltz Juventa, S. 270–282

© Springer Fachmedien Wiesbaden GmbH, ein Teil von Springer Nature 2020
J. Böhme und T. Böder, *Bildanalyse*, Qualitative Sozialforschung,
https://doi.org/10.1007/978-3-658-28622-4

Böhme, Jeanette (2012): Schulräumliche Ordnungsparameter der Disziplinierung. Perspektiven einer Pädagogischen Morphologie. In: Coelen, Thomas/Schröteler-von Brandt, Hildegard/Zeisung, Andreas/Ziesche, Angela (Hrsg.): Raum für Bildung. Ästhetik und Architektur von Lern- und Lebensorten. Bielefeld: transcript, S. 219–232

Böhme, Jeanette (2009a): Raumwissenschaftliche Schul- und Bildungsforschung. In: Böhme, Jeanette (Hrsg.): Schularchitektur im interdisziplinären Diskurs. Territorialierungskrise und Gestaltungsperspektiven des schulischen Bildungsraums. Wiesbaden: Springer VS, S. 13–24

Böhme, Jeanette (2009b): Amputation : Schock : Trance. Prozessmuster medialer Ausweitungen des Menschen in der Buchkultur. In: Paragrana. Internationale Zeitschrift Historische Anthropologie. S. 257–265

Böhme, Jeanette (2006a): Schule am Ende der Buchkultur. Medientheoretische Begründungen schulischer Bildungsarchitekturen. Bad Heilbrunn: Klinkhardt Verlag

Böhme, Jeanette (2006b): Machtformationen medienkultureller Bildungsarchitekturen: Aura & Charismatisierung – Kopie & Standardisierung – Code & Regulierung. In: Zeitschrift für Pädagogik. Themenheft zum DGfE-Kongress »Bildung-Macht-Gesellschaft«, H. 1, S. 27–35

Böhme, Jeanette (2006c): Die Objektive Hermeneutik als typografischer Forschungsansatz. Reflexionen aus der heuristischen Perspektive einer medienökologischen Bildungsforschung. In: Rahm, Sibylle/Mammes, Ingelore/Schratz, Michael (Hrsg.): Schulpädagogische Forschung. Organisations- und Bildungsprozessforschung. Perspektiven innovativer Ansätze. Innsbruck: StudienVerlag, S. 43–54

Böhme, Jeanette (2000): Schulmythen und ihre imaginäre Verbürgung durch oppositionelle Schüler. Bad Heilbrunn: Klinkhardt Verlag

Böhme, Jeanette/Böder, Tim (2020): Zur Bedeutung des Schwarzen in der Schwarzen Szene. Farbmorphologische Erweiterungen etablierter Thesen der Jugendkulturforschung. In: Gibson, Anja/Hummrich, Merle/Kramer, Rolf-Torsten. (Hrsg.): Rekonstruktive Jugendkulturforschung. Flashback – Flashforward. Wiesbaden: Springer VS, S. 185-202

Böhme, Jeanette/Böder, Tim (2019): Vom Modell zur transdisziplinären Sache musikpädagogischer Forschung. Habitusbildende Passungen zwischen musikalischer Klangorganisation und sozialer Ordnungsbildung aus der Perspektive der Morphologischen Hermeneutik. In: Zeitschrift für Ästhetische Bildung, Jg.11, Nr.2. http://zaeb.net/wordpress/wp-content/uploads/2019/12/B%C3%B6hme_B%C3%B6der_11.Dez_.19.pdf

Böhme, Jeanette/Böder, Tim (2018): Bildlose Bilder. Jugendliche Selbstzeugnisse aus bildrekonstruktiver Perspektive der Morphologischen Hermeneutik. In: Müller, Michael Rudolf/Soeffner, Hans-Georg (Hrsg.): Das Bild als soziologisches Problem. Weinheim: Beltz Juventa, S. 232–244

Böhme, Jeanette/Brick, David (2010): Nomadische Raumpraktiken und schulische Raumordnungen. In: Vierteljahresschrift für Wissenschaftliche Pädagogik, H. 4, S. 611–620

Böhme, Jeanette/Flasche, Viktoria (2017): Die Morphologische Hermeneutik als neuer Ansatz rekonstruktiver Bildungsforschung – zugleich eine exemplarische Formenanalyse architektonischer Sinnstruktur. In: Heinrich, Martin/Wernet, Andreas (Hrsg.): Rekonstruktive Bildungsforschung. Zugänge und Methoden. Wiesbaden: Springer VS, S. 227–242

Böhme, Jeanette /Flasche, Viktoria (2015): Raumspuren pädagogischer Sinnkonstruktionen im urbanen Wandel. In: Coelen, Thomas/ Heinrich, Anna Juliane/Million, Angela (Hrsg.): Stadtbaustein Bildung. Wiesbaden: Springer VS, S. 55–75

Böhme, Jeanette/Herrmann, Ina/Flasche, Viktoria (2016): Die Territorialisierung des (Schul-) Pädagogischen im urbanen Wandel. Ein Forschungsbeitrag aus der Pädagogischen Morphologie. In: Zeitschrift für Pädagogik 62, H. 1, S. 62–77

Böhme, Jeanette/Herrmann, Ina (2011): Schule als pädagogischer Machtraum. Typologie schulischer Raumentwürfe. Wiesbaden: Springer VS

Böhme, Jeanette/Herrmann, Ina (2009): Schulraum und Schulkultur. In: Böhme, Jeanette (Hrsg.): Schularchitektur im interdisziplinären Diskurs. Territorialisierungskrise und Gestaltungsperspektiven des schulischen Bildungsraums. Wiesbaden: VS Verlag für Sozialwissenschaften, S. 204–222

Böhme, Jeanette/Kasbrink, Helmar (2009): Das Buch als Leitmedium in schulischen Bildungsentwürfen. Rekonstruktionen zur Schule im medienkulturellen Wandel. In: Zeitschrift für Soziologie der Erziehung und Sozialisation, H. 3, S. 246–265

Bollnow, Otto Friedrich (1971/2010): Mensch und Raum. Stuttgart: Kohlhammer Verlag

Bourdieu, Pierre (1987): Die feinen Unterschiede. Kritik der gesellschaftlichen Urteilskraft. Frankfurt a. M.: Suhrkamp Verlag

Breckner, Roswitha (2010): Eine Sozialtheorie des Bildes. Zur interpretativen Analyse von Bildern und Fotografien. Bielefeld: transcript

Canetti, Elias (2006): Masse und Macht. München: Carl Hanser Verlag

Cassirer, Ernst (1994): Philosophie der symbolischen Formen, III. Teil: Phänomenologie und Erkenntnis. Darmstadt: Wissenschaftliche Buchgesellschaft

Castells, Manuel (2001): Das Informationszeitalter. Teil 1: Der Aufstieg der Netzwerkgesellschaft. Opladen: Leske-Budrich

Castoriadis, Cornelius (1975): Gesellschaft als imaginäre Institution. Frankfurt a. M.: Suhrkamp Verlag

Deleuze, Gilles/Guattari, Fèlix (2002): Tausend Plateaus. Kapitalismus und Schizophrenie. Berlin: Merve Verlag

Dittmann, Lorenz (1984): Probleme der Bildrhythmik. In: Zeitschrift für Ästhetik und allgemeine Kunstwissenschaft 29, Nr. 2, S. 192–213

Durkheim, Emil (1893/1992): Über soziale Arbeitsteilung. Studie über die Organisation höherer Gesellschaft. Frankfurt a. M.: Suhrkamp Verlag

Flusser, Villèm (2007): Kommunikologie. Frankfurt a. M.: Fischer Verlag

Foucault, Michel (2008): Dispositive der Macht: Über Sexualität, Wissen und Wahrheit. Berlin: Merve Verlag

Foucault, Michel (2005): Analytik der Macht. Frankfurt a. M.: Suhrkamp Verlag

Foucault, Michel (1994): Überwachen und Strafen. Die Geburt des Gefängnisses. Frankfurt a. M.: Suhrkamp Verlag

Garz, Detlef/Raven, Uwe (2015): Theorie der Lebenspraxis. Einführung in das Werk Ulrich Oevermanns. Wiesbaden: Springer VS

Geimer, Peter (2010): Vergleichendes Sehen oder Gleichheit aus Versehen? Analogie und Differenz in kunsthistorischen Bildvergleichen. In: Bader, Lena/Gaier, Martin/Wolf, Frank (Hrsg.): Vergleichendes Sehen. München: Fink Verlag, S. 45–70

Giesecke, Michael (2002): Von den Mythen der Buchkultur zu den Visionen der Informationsgesellschaft. Trendforschungen zur kulturellen Medienökologie. Frankfurt a. M.: Suhrkamp Verlag

Girard, Renè (2012): Figuren des Begehrens. Das Selbst und der Andere in der fiktionalen Realität. Münster, Hamburg, London: LIT Verlag

Goody, Jack/Watt, Ian (1997): Entstehung und Folgen der Schriftkultur. Frankfurt a. M.: Suhrkamp Verlag

Hahn, Alois (1983): Soziologische Relevanzen des Stilbegriffs. In: Gumbrecht, Hans Ulrich/ Pfeiffer, K. Ludwig (Hrsg.): Stil. Geschichten und Funktionen eines kulturwissenschaftlichen Diskurselements. Frankfurt a. M.: Suhrkamp Verlag, S. 603–611

Halbwachs, Maurice (2002): Soziale Morphologie. Konstanz: UVK Verlagsgesellschaft

Helsper, Werner/Böhme, Jeanette (2000): Schulmythen. Zur Konstruktion pädagogischen Sinns. In: Kraimer, Klaus (Hrsg.): Die Fallrekonstruktion. Sinnverstehen in der sozialwissenschaftlichen Forschung. Frankfurt a. M.: Suhrkamp Verlag, S. 239–274

Hildebrand, Adolf (1901/2018): Das Problem der Form in der bildenden Kunst. London: Forgotten Books

Horn, Eva/Gisi, Lucas Marco (Hrsg.) (2009): Schwärme – Kollektive ohne Zentrum. Eine Wissensgeschichte zwischen Leben und Information. Bielefeld: transcript

Hunziker, Hans-Werner (2006): Im Auge des Lesers: foveale und periphere Wahrnehmung – vom Buchstabieren zur Lesefreude. Zürich: Transmedia Stäubli Verlag

Imbusch, Peter (1998) (Hrsg.): Macht und Herrschaft. Sozialwissenschaftliche Theorien und Konzeptionen. Wiesbaden: Springer Verlag

Imdahl, Max (1996a): Gesammelte Schriften. Bd. 3: Reflexion, Theorie, Methode. Frankfurt a. M.: Suhrkamp Verlag

Imdahl, Max (1996b): Giotto Arenafresken. Ikonographie – Ikonologie – Ikonik. München: Wilhelm Fink Verlag

Innis, Harold Adam (1997): Kreuzwege der Kommunikation. Hrsg. von Karlheinz Barck. Wien/New York: Springer Verlag

Innis, Harold Adam (1949/1997): Tendenzen der Kommunikation. The Bias of Communication. In: Innis, Harold Adam: Kreuzwege der Kommunikation. Hrsg. von Karlheinz Barck. Wien/New York: Springer Verlag, S. 95–119

Jugendwerk der Deutschen Shell (1985) (Hrsg.): Jugend in Selbstbildern, Bd. 4, Leverkusen: Leske+Budrich

Jugendwerk der Deutschen Shell (Hrsg.) (1984): Jugend vom Umtausch ausgeschlossen. Eine Generation stellt sich vor. Reinbek bei Hamburg: Rowolt Taschenbuch Verlag

Kemp, Wolfgang (1992): Kunstwissenschaft und Rezeptionsästhetik. In: Kemp, Wolfgang (Hrsg.): Der Betrachter im Bild. Berlin: Dietrich Reimer Verlag, S. 7–28

Krämer, Sybille (2007): Immanenz und Transzendenz der Spur: Über das epistemologische Doppelleben der Spur. In: Krämer, Sybille/Kogge, Werner/Grube, Gernot (Hrsg.): Spur. Spurenlesen als Orientierungstechnik und Wissenskunst. Frankfurt a. M.: Suhrkamp Verlag, S. 155–181

Kuhn, Rudolf (1980): Komposition und Rhythmus. Berlin/New York: Walter de Gruyter

Kuhnau, Petra (1995): Masse und Macht in der Geschichte. Zur Konzeption anthropologischer Konstanten in Elias Canettis Werk Masse und Macht. Würzburg: Königshausen & Neumann

Kupke, Christian (2008): Widerstand und Widerstandsrecht. Ein politikphilosophischer Versuch im Ausgang von Foucault. In: Hechler, Daniel/Philipps, Axel (Hrsg.): Widerstand denken. Michel Foucault und die Grenzen der Macht. Bielefeld: transcript, S. 75–92

Lèvi-Strauss, Claude (1991): Das wilde Denken. Frankfurt a. M.: Suhrkamp Verlag

Luckmann, Thomas (1983): Soziologische Grenzen des Stilbegriffes. In: Gumbrecht, Hans Ulrich/Pfeiffer, K. Ludwig (Hrsg.): Stil. Geschichten und Funktionen eines kulturwissenschaftlichen Diskurselements. Frankfurt a. M.: Suhrkamp Verlag, S. 612–618

Lüdemann, Susanne (2004): Metaphern der Gesellschaft. Studien zum soziologischen und politischen Imaginären. München: Wilhelm Fink Verlag

Mandelbrot, Benoit B. (1991): Fraktale Geometrie der Natur. Basel: Birkhäuser Verlag

Mauss, Marcel (1989): Soziale Morphologie. In: Mauss, Marcel: Soziologie und Anthropologie. Frankfurt a. M.: Fischer Verlag, S. 183–276

McLuhan, Marshall (1995): The Global Village. Der Weg der Mediengesellschaft in das 21. Jahrhundert. Hrsg. Von B. R. Powers. Paderborn: Junfermann Verlag

McLuhan, Marshall (2001): Das Medium ist die Botschaft. ‚The medium is the Message'. Dresden: Verlag der Kunst

Mersch, Dieter (2006): Medientheorien. Hamburg: Junius Verlag

Mohn, Elisabeth/Amann, Klaus (2006): Lernkörper. Kameraethnographische Studie zum Schülerjob. DVD. Göttingen

Moreno, Jacob Levy (2014): Die Grundlagen der Soziometrie. Wege zur Neuordnung der Gesellschaft. Wiesbaden: VS Verlag für Sozialwissenschaften

Müller, Rudolf-Michael (2012): Figurative Hermeneutik: zur methodologischen Konzeption einer Wissenssoziologie des Bildes. In: sozialer sinn. Zeitschrift für hermeneutische Sozialforschung. 13. Jg., H. 1, S. 129–161

Nohl, Hermann (1920/2017): Stil und Weltanschauung. London: Forgotten Books

Oevermann, Ulrich (2003): Regelgeleitetes Handeln, Normativität und Lebenspraxis. Zur Konstitutionstheorie der Sozialwissenschaften. In: Link, Jürgen/Loer, Thomas/ Neuendorff, Hartmut (Hrsg.): ‚Normalität' im Diskursnetz soziologischer Begriffe. Heidelberg: Synchron, S. 183–219

Oevermann, Ulrich (1995): Ein Modell der Struktur von Religiosität. In: Wohlrab-Sahr, Monika (Hrsg.): Biographie und Religion. Zwischen Ritual und Selbstsuche. Frankfurt a. M./New York: Campus Verlag, S. 27–102

Oevermann, Ulrich (1993): Zur Sache. Die Bedeutung von Adornos methodologischem Selbstverständnis für die Begründung einer materialen soziologischen Strukturanalyse. In: Friedeburg, Ludwig van/Habermas, Jürgen (Hrsg.): Adorno-Konferenz, Frankfurt a. M.: Suhrkamp Verlag, S. 234–292

Oevermann, Ulrich (1991): Genetischer Strukturalismus und das sozialwissenschaftliche Problem der Erklärung der Entstehung des Neuen. In: Müller-Doohm, S. (Hrsg.): Jenseits der Utopie. Frankfurt a. M., S. 267–339

Ong, Walter J. (2016): Oralität und Literalität. Die Technologisierung des Wortes. Wiesbaden: Springer Verlag

Ott, Michaela (2009): Affizierung. Zu einer ästhetisch-epistemischen Figur. München: Richard Boorberg Verlag

Panofsky, Erwin (1980): Die Perspektive als „symbolische Form". In: Oberer, Hariolf/Verheyen, Egon (Hrsg.): Aufsätze zu Grundfragen der Kunstwissenschaft. Berlin: Verlag Volker Spiess, S. 99–167

Panofsky, Erwin (1978): Sinn und Deutung in der bildenden Kunst. Köln: DuMont

Pilarczyk, Ulrike/Mietzner, Ulrike (2005): Das reflektierte Bild. Die seriell-ikonografische Fotoanalyse in den Erziehungs- und Sozialwissenschaften. Bad Heilbrunn: Klinkhardt Verlag

Przyborski, Aglaja (2017): Bildkommunikation. Qualitative Bild- und Medienforschung. Oldenburg: De Guyter Verlag

Reichertz, Jo (1993): Abduktives Schlussfolgern und Typen(re)konstruktion. In: Jung, Thomas/Müller-Doohm, Stefan (Hrsg.): „Wirklichkeit" im Deutungsprozess. Verstehen und Methoden in den Kultur- und Sozialwissenschaften. Frankfurt a. M.: Suhrkamp Verlag, S. 258–282

Reichertz, Jo (1986). Probleme qualitativer Sozialforschung. Zur Entwicklungsgeschichte der Objektiven Hermeneutik. Frankfurt a. M./New York: Campus

Rheinberger, Hans-Jörg (2009): Sichtbar Machen. Visualisierung in den Naturwissenschaften. In: Sachs-Hombach, Klaus (Hrsg.): Bildtheorien. Anthropologische und kulturelle Grundlagen des Visualistic Turn. Frankfurt a. M.: Suhrkamp Verlag, S. 127–145

Riegl, Alois (1890-91/2017): Historische Grammatik der bildenden Künste. Mailand: Mimesis Verlag

Rustemeyer, Dirk (2009): Diagramme. Dissonante Resonanzen: Kunstsemiotik als Kulturtheorie. Weilerswist: Velbrück Wissenschaft

Schiemann, Gregor (2011): Natur – Kultur und ihr Anderes. In: Jaeger, Friedrich/Liebsch, Burkhard (Hrsg.): Handbuch der Kulturwissenschaften. Grundlagen und Schlüsselbegriffe. Bd. 1, Stuttgart/Weimar: J. B. Metzler Verlag, S. 60–75

Schlechtriemen, Tobias (2014): Bilder des Sozialen. Das Netzwerk in der soziologischen Theorie. Paderborn: Fink Verlag

Schnitzler, Norbert (2000): Ikonoklasmus. Bildersturm. München: Fink Verlag

Schroer, Marcus (2018): Morphologie, soziale. In: Kopp, Johannes/Steinbach, Anja (Hrsg.): Grundbegriffe der Soziologie. Wiesbaden: VS Springer, S. 331–333

Schwemmer, Oswald (2011): Das Ereignis der Form. Zur Analyse des sprachlichen Denkens. Paderborn: Ferdinand Schöningh

Schwemmer, Oswald (2005): Kulturphilosophie. Eine medientheoretische Grundlegung. München: Wilhelm Fink Verlag

Seidel, Wilhelm (1976): Rhythmus. Eine Begriffsbestimmung. Darmstadt: Wissenschaftliche Buchgesellschaft

Soeffner, Hans-Georg (1983): Stil und Stilisierung. Punk oder die Überhöhung des Alltags. In: Gumbrecht, Hans Ulrich/Pfeiffer, K. Ludwig (Hrsg.): Stil. Geschichten und Funktionen eines kulturwissenschaftlichen Diskurselements. Frankfurt a. M.: Suhrkamp Verlag, S. 317–341

Strodthoff, Werner (1976): Stefan George. Zivilisationskritik und Eskapismus. Bonn: Bouvier Verlag

Thürlemann, Felix (2009): Ikonographie, Ikonologie, Ikonik. Max Imdahl liest Erwin Panofsky. In: Sachs-Hombach, Klaus (Hrsg.): Bildtheorien. Anthropologische und kulturelle Grundlagen des Visualistic Turn. Frankfurt a. M.: Suhrkamp Verlag, S. 214–234

Treiber, Hubert/Steinert, Heinz (1980): Die Fabrikation des zuverlässigen Menschen. Über die „Wahlverwandtschaft" von Kloster- und Fabrikdisziplin. München: Heinz Moos Verlag

Unger, Oswald Mathias (2011): Morphologie. City Metaphors. Köln: Verlag der Buchhandlung Walther König

Volkenandt, Claus (2010): Bildfeld und Feldlinien. Formen des vergleichenden Sehens bei Max Imdahl, Theodor Hetzer und Dagobert Frey. In: Bader, Lena/Gaier, Martin/Wolf, Frank (Hrsg.): Vergleichendes Sehen. München: Fink Verlag, S. 407–434

Wade, David (2006): Macht der Symmetrie. Mannheim: Artemis & Winkler Verlag

Weber, Stefan (2001): Medien – Systeme – Netze: Elemente einer Theorie der Cyber-Netzwerke. Bielefeld: transcript

Welsch, Wolfgang (1998): Eine Doppelfigur der Gegenwart: Virtualisierung und Revalidierung. In: Vattimo, Gianni/Welsch, Wolfgang (Hrsg.): Medien-Welten-Wirklichkeiten. München: Fink Verlag, S. 229–248

Wernet, Andreas (2009): Einführung in die Interpretationstechnik der Objektiven Hermeneutik. Wiesbaden: Springer Verlag

Wiesing, Lambert (2008): Die Sichtbarkeit des Bildes. Geschichte und Perspektiven der formalen Ästhetik. Frankfurt a. M.: Campus Verlag

Wölfflin, Heinrich (1915/2004): Kunstgeschichtliche Grundbegriffe. Das Problem der Stilentwicklung in der neueren Kunst. Basel: Schwabe Verlag

Zimmermann, Robert (1865/2017): Allgemeine Aesthetik als Formwissenschaft. Wales: Forgotten Books

Abbildungsnachweise

Abb. 2.1: Bedeutungsparameter der Formenalgorithmen. Quelle: eigene Darstellung.

Abb. 5.1: Originalbild. Quelle: https://rebelianci.org/489003, zuletzt abgerufen am 29.01.2020.

Abb. 5.2, Bild 1: Originalbild mit Anschauungsprotokoll Komposition (eigene Darstellung).

Abb. 5.2, Bild 2: Erweitertes Anschauungsprotokoll Komposition-Choreographie (eigene Darstellung).

Abb. 5.3, Bild 1: Anschauungsprotokoll Komposition (eigene Darstellung). **Abb. 5.3, Bild 2:** Plattenbauhaus. Quelle: https://gs-gruppe.de/data/image/plattenbauten.jpg, zuletzt abgerufen am 26.02.2020. **Abb. 5.3, Bild 3:** Zaun. Quelle: https://jacomgroup.com/reja-de-acero-rejacom/, zuletzt abgerufen am 26.02.2020. **Abb. 5.3, Bild 4:** Baumallee. Quelle: https://woerlein.de/wp-content/gallery/slider/baumschule_header_980x370px.jpg, zuletzt abgerufen am 26.02.2020.

Abb. 5.4, Bild 1: Originalbild. Quelle: https://rebelianci.org/489003, zuletzt abgerufen am 29.01.2020. **Abb. 5.4, Bild 2:** Originalbild mit Anschauungsprotokoll Komposition. Quelle: eigene Darstellung. **Abb. 5.4, Bild 3:** Erweitertes Anschauungsprotokoll Komposition-Choreographie. Quelle: eigene Darstellung.

Abb. 5.5, Bild 1: Erweitertes Anschauungsprotokoll Komposition-Choreographie (eigene Darstellung). **Abb. 5.5, Bild 2:** Lichtstrahlen. Quelle: https://de.freepik.com/fotos-vektoren-kostenlos/scheinwerfer, zuletzt abgerufen am 26.02.2020. **Abb. 5.5, Bild 3:** Röntgenstrahlen. Quelle: https://docplayer.org/53667983-Radiographie-abbildung-mit-roentgenstrahlen.html, zuletzt abgerufen am 29.01.2020.

© Springer Fachmedien Wiesbaden GmbH, ein Teil von Springer Nature 2020
J. Böhme und T. Böder, *Bildanalyse*, Qualitative Sozialforschung,
https://doi.org/10.1007/978-3-658-28622-4

Abb. 5.6, Bild 1: Originalbild. Quelle: https://rebelianci.org/489003, zuletzt abgerufen am 29.01.2020. **Abb. 5.6, Bild 2:** Erweitertes Anschauungsprotokoll Komposition-Choreographie-Perspektivität (eigene Darstellung).

Abb. 5.7, Bild 1: Erweitertes Anschauungsprotokoll Komposition-Choreographie-Perspektivität. **Abb. 5.7, Bild 2:** Zaunbetrachter. Quelle: http://bookanieri. com/2019/12/03/archvio-dei-bambini-perduti-valeria-luiselli/, zuletzt abgerufen am 29.01.2020.

Abb. 5.8, Bild 1: Originalbild mit Segmenten. **Abb. 5.8, Bild 2:** Bildsegment 1. **Abb. 5.8, Bild 3:** Bildsegment 2. **Abb. 5.8, Bild 4:** Bildsegment 3.

Abb. 5.9, Bild 1: Originalbild. Quelle: https://rebelianci.org/489003, zuletzt abgerufen am 29.01.2020. **Abb. 5.9, Bild 2:** Modenschau. Quelle: https://www.fh-bielefeld.de/ presse/bilder-modenschau-2011?popup=popup&imageNr=42428, zuletzt abgerufen am 26.02.2020. **Abb. 5.9, Bild 3:** Soldatenmarsch (bearbeitete Darstellung). Quelle: https://www.deutschlandfunkkultur.de/ein-wehrmachtssoldat-im-widerstand.1270. de.html?dram:article_id=243385, zuletzt abgerufen am 29.01.2020.

Abb. 6.1: Originalbild – Fallbeispiel 2. Quelle: https://cdn.prod.www.spiegel.de/ images/1dac2dfc-0001-0004-0000-000001073091_w1528_r1.398997134670487_ fpx35.74_fpy50.jpg, zuletzt abgerufen am 29.01.2020.

Abb. 6.2, Bild 1: Originalbild mit Anschauungsprotokoll (bearbeitete Darstellung). **Abb. 6.2, Bild 2:** Anschauungsprotokoll Komposition (eigene Darstellung). **Abb. 6.3, Bild 1:** Anschauungsprotokoll Komposition (eigene Darstellung).

Abb. 6.3, Bild 2: Hula Hoop. Quelle: https://in.pinterest.com/ pin/354940014380966507/, zuletzt abgerufen am 29.01.2020. **Abb. 6.3, Bild 3:** Fahnenappell. Quelle: http://ortsgeschichte-leogang.at/og/politische-entwicklung/ nationalsozialismus/rad-reichsarbeitsdienst/fahnenappell/datei-21030/, zuletzt abgerufen am 29.01.2020.

Abb. 6.4, Bild 1: Originalbild mit Anschauungsprotokoll (bearbeitete Darstellung). **Abb. 6.4, Bild 2:** Erweitertes Anschauungsprotokoll Komposition – Choreographie (eigene Darstellung).

Abb. 6.5, Bild 1: Karussell. Quelle: https://farm66.static.flickr.com/65535/4884 9589263_3c1a770854_b.jpg, zuletzt abgerufen am 29.01.2020. **Abb. 6.5, Bild 2:** Trampolin. Quelle: https://www.edingershops.de/trampolin-fuer-den-garten/, zuletzt abgerufen am 29.01.2020. **Abb. 6.5, Bild 3:** Jonglierteller. Quelle: https:// www.zirkus-paletti.de/mitmachzirkus, zuletzt abgerufen am 29.01.2020.

Abb. 6.6, Bild 1: Originalbild mit Anschauungsprotokoll (bearbeitete Darstellung). **Abb. 6.6, Bild 2:** Erweitertes Anschauungsprotokoll Komposition-Choreographie-Perspektivität (eigene Darstellung).

Abb. 6.7, Bild 1: Tanz Appollons mit den Musen. Quelle: https://de.wikipedia.org/wiki/Reigen_(Tanz)#/media/File:Giulio_Romano_002.jpg, zuletzt abgerufen am 25.01.2020. **Abb. 6.7, Bild 2:** Kinderreigen. Quelle: https://oldthing.de/Kuenstler-AK-Franziska-Schenkel-Kinder-tanzen-Ringelreihen-auf-einer-Wiese-0027779683, zuletzt abgerufen am 25.01.2020. **Abb. 6.7, Bild 3:** Meditationstanz. Quelle: https://www.sakrales-tanzen.de/bedeutung.html, zuletzt abgerufen am 25.01.2020. **Abb. 6.7, Bild 4:** Bündischer Reigen. Quelle: http://buendische-vielfalt.de/?p=392, zuletzt abgerufen am 29.01.2020.

Abb. 6.8, Bild 1: Ausschnitt Originalbild (bearbeitete Darstellung). **Abb. 6.8, Bild 2:** Kickboxen (bearbeitete Darstellung). Quelle: https://www.questionsdeforme.fr/5-raisons-dajouter-le-kickboxing-a-votre-entrainement/, zuletzt abgerufen am 25.01.2020. **Abb. 6.8, Bild 3:** Jumping (bearbeitete Darstellung). Quelle: https://www.oelv.at/de/newsshow-vorschau-em-berlin-teil-3-siebenkampf-und-huerdenlauf, zuletzt abgerufen am 29.01.2020. **Abb. 6.8, Bild 4:** Can Can-Tanz (ausgewählter Ausschnitt). Quelle: https://lesvieillesprunes.ch/can-can/, zuletzt abgerufen am 25.01.2020. **Abb. 6.8, Bild 5:** Stepptanz. Quelle: http://www.lepehne-herbst.de/kurse.html, zuletzt abgerufen am 25.01.2020.

Abb. 7.1: Originalbild. Quelle: Bestand des Archivs ‚Kindheit und Jugend im urbanen Wandel‘ am Interdisziplinären Zentrum für Bildungsforschung (IZfB) der Universität Duisburg-Essen.

Abb. 7.2, Bild 1: Originalbild mit Anschauungsprotokoll (bearbeitete Darstellung). **Abb. 7.2, Bild 2:** Anschauungsprotokoll Komposition (eigene Darstellung).

Abb. 7.3, Bild 1: Steine. Quelle: www.hausjournal.net/kieselsteine-preis, zuletzt abgerufen am 18.11.2015. **Abb. 7.3, Bild 2:** Menschenansammlung. Quelle: www.bz-berlin.de/kultur/musik/25-jah- re-lovep arade-berlin-jubilaeum, zuletzt abgerufen am 18.11.2015. **Abb. 7.3, Bild 3:** Zeltstadt. Quelle: www.mz-web.de/landkreis-anhalt-bitterfeld/sport/hockey-nachwuchs-wieso-in-koethen-eine-zeltstadt-entstanden-ist-24232178, zuletzt abgerufen am 18.11.2015.

Abb. 7.4, Bild 1: Pflastersteine. Quelle: www.haba-pflastersteine.com/de/galerie, zuletzt abgerufen am 18.12.2015. **Abb. 7.4, Bild 2:** Soziale Formation. Quelle: www.sueddeutsche.de/kultur/bildergalerie-die-welt-presse-fotos-des-jahres-1.112188-19, zuletzt abgerufen am 18.11.2015. **Abb. 7.4, Bild 3:** Architekturen. Quelle: http://alpia.errror.org/china/ china2008/02beijing.htm, zuletzt abgerufen am 18.11.2015.

Abb. 7.5, Bild 1: Fenstereinschlag. Quelle: www.google.de/search?biw=1680&-bih=962&tbm=isch&q=zerbrochene+fensterscheibe&sa=X&ved=0ahUKEwiYy7rwl-rHWAhWMUlAKHVrMC2oQhyYILQ#imgrc=y5s37x_d8pcQPM, zuletzt abgerufen am 18.11.2015. **Abb. 7.5, Bild 2:** Puzzle. Quelle: www.istockphoto.com/de/foto/austritt-puzzle-zeigt-europäische-karte-fehlt-great-britain-gm530806906-93529935, zuletzt abgerufen am 18.11.2015. **Abb. 7.5, Bild 3:** Plakatwand. Quelle: www.fotocommunity.de/photo/plakatwand-steffen-michel/6124 448, zuletzt abgerufen am 18.11.2015.

Abb. 7.6., Bild 1: Originalbild mit Anschauungsprotokoll (bearbeitete Darstellung). **Abb. 7.6., Bild 2:** Erweitertes Anschauungsprotokoll Komposition-Choreographie (eigene Darstellung).

Abb. 7.7., Bild 1: Originalbild mit Anschauungsprotokoll (bearbeitete Darstellung). **Abb. 7.7., Bild 2:** Anschauungsprotokoll Komposition-Choreographie-Perspektivität (eigene Darstellung).

Abb. 7.8, Bild 1: Satellitenaufnahme Fluss. Quelle: https://interaktiv.waz.de/duerre-vorher-nachher/, zuletzt abgerufen am 25.01.2020. **Abb. 7.8, Bild 2:** Satellitenaufnahme Ufer (bearbeitete Darstellung). Quelle: https://luftbild.fotograf.de/blog/2014/02/luftbild-sylt, zuletzt abgerufen am 28.02.2020.

Abb. 7.9, Bild 1: Originalbild Fundamentalüberraschung. Quelle: Bestand des Archivs ‚Kindheit und Jugend im urbanen Wandel' am Interdisziplinären Zentrum für Bildungsforschung (IZfB) der Universität Duisburg-Essen. **Abb. 7.9, Bild 2:** Satellitenaufnahme Wüste. Quelle: https://www.china-entdecken.com/intensiv-chinareisen/kamelritt-durch-die-taklamakan-wueste.html, zuletzt abgerufen am 25.01.2020. **Abb. 7.9, Bild 3:** Satellitenaufnahme See. Quelle: https://www.t-online.de/leben/reisen/reisetipps/id_74959266/rekord-seen-so-gross-so-tief-so-geheimnisvoll.html, zuletzt abgerufen am 25.01.2020. **Abb. 7.9, Bild 4:** Kartenumriss Nationalstaat. Quelle: https://de.freepik.com/fotos-vektoren-kostenlos/karte, zuletzt abgerufen am 29.01.2020.

Abb. 7.10, Bild 1: Originalbild. Quelle: Bestand des Archivs ‚Kindheit und Jugend im urbanen Wandel' am Interdisziplinären Zentrum für Bildungsforschung (IZfB) der Universität Duisburg-Essen. **Abb. 7.10, Bild 2:** Reisecollage. Quelle: https://stock.adobe.com/fr/images/travel-in-europe-collage/79677382, zuletzt abgerufen am 25.01.2020. **Abb. 7.10, Bild 3:** Illustrierte: BRAVO-Zeitschrift. Quelle: https://www.t-online.de/leben/familie/schulkind-und-jugendliche/id_78734236/-bravo-wird-60-frueher-zu-anzueglich-heute-zu-konservativ.html, zuletzt abgerufen am 25.01.2020.

Abb. 7.11, Bild 1: Originalbild: Collage ‚Jugend ´83'. Quelle: Bestand des Archivs ‚Kindheit und Jugend im urbanen Wandel' am Interdisziplinären Zentrum für Bildungsforschung (IZfB) der Universität Duisburg-Essen. **Abb. 7.11, Bild 2:** Zeitungsanzeigen. Quelle: https://www.zazzle.at/vintage+zeitung+untersetzer, zuletzt abgerufen am 26.02.2020. **Abb. 7.11, Bild 3:** Nachrichtenzeitschrift. https:// adamlauks.files.wordpress.com/2011/05/neues-deutschland.jpg, zuletzt abgerufen am 25.01.2020.

Abb. 7.12, Bild 1: Segment Fundamentalüberraschung. Quelle: Bestand des Archivs ‚Kindheit und Jugend im urbanen Wandel' am Interdisziplinären Zentrum für Bildungsforschung (IZfB) der Universität Duisburg-Essen. **Abb. 7.12, Bild 2:** Brainstorming. Quelle: https://de.slideshare.net/JulianReineck/prse-brainstorm1, zuletzt abgerufen am 25.01.2020. **Abb. 7.12, Bild 3:** Plakat. Quelle: https://www.zvw.de/ inhalt.demonstration-allefuersklima-die-besten-plakate-vom-klimastreik-in-stuttgart.45b52f04-7fce-44c9-bccc-79cf3564af46.html, zuletzt abgerufen am 25.01.2020.

Anlagen

Anlage 1   Formenanalytische Parallelprojektionen – Beispiel Frisuren

Frisurbeispiel I, Originalbild. Quelle: https://immortalephemera.com/41929/bette-davis-scrapbook/, zuletzt abgerufen am 25.01.2020.

Frisurbeispiel II, Originalbild. Quelle: http://www.cherstyle.com/photos80s.htm, zuletzt abgerufen am 25.01.2020.

Frisurbeispiel III, Originalbild. Quelle: http://www.thegloss.com/beauty/hair-beauty/2000s-hairstyles-celebrity-hair-christina-aguilera-britney-spears-justin-timberlake-photos/, zuletzt abgerufen am 25.01.2020.

Frisurbeispiel I, Spielfigur. Quelle: https://i.pinimg.com/originals/f9/da/f3/f9daf38113437f77b020069b59d13239.jpg, zuletzt abgerufen am 25.01.2020.

Frisurbeispiel II, Spielfigur. Quelle: https://s3.amazonaws.com/gs-geo-images/d01ab5e0-12af-46f0-8794-2034dd1c8edf_l.jpg, zuletzt abgerufen am 25.01.2020.

Frisurbeispiel III, Spielfigur. Quelle: http://jewishbusinessnews.com/2016/09/21/mattel-toy-giant-teams-with-israeli-startapp-to-bring-barbie-and-other-toys-to-life/, zuletzt abgerufen am 25.01.2020.

Frisurbeispiel I, Flora. Quelle: https://unsplash.com/photos/p7mo8-CG5Gs, zuletzt abgerufen am 25.01.2020.

Frisurbeispiel II, Flora. Quelle: https://www.duda.news/serie/unter-der-lupe-vom-loewenzahn-zur-pusteblume/, zuletzt abgerufen am 25.01.2020.

Frisurbeispiel III, Flora. Quelle: http://1.bp.blogspot.com/_9o1o8DNOqbM/TPLjseVzxZI/AAAAAAAAAks/h_tjlMRNMvA/s1600/%E2%81%AElianas.JPG, zuletzt abgerufen 15.06.2020.

Frisurbeispiel I, Fauna. Quelle: https://twitter.com/reelquinn/status/703816352612655104, zuletzt abgerufen am 25.01.2020.

Frisurbeispiel II, Fauna. Quelle: https://www.zoo-wuppertal.net/4-tiere/s-raubtiere-katzen-grosskatzen-loewe-2008loewenmaehne.htm, zuletzt abgerufen am 25.01.2020.

Frisurbeispiel III, Fauna. Quelle: https://i.pinimg.com/736x/ac/66/22/ac66222cf92cfaba3c9dab6d74b39033--large-dog-breeds-large-dogs.jpg, zuletzt abgerufen am 25.01.2020.

© Springer Fachmedien Wiesbaden GmbH, ein Teil von Springer Nature 2020
J. Böhme und T. Böder, *Bildanalyse*, Qualitative Sozialforschung,
https://doi.org/10.1007/978-3-658-28622-4

Anlage 1 Formenanalytische Parallelprojektionen – Beispiel Frisuren

Originalbild	Frisurbeispiel I	Frisurbeispiel II	Frisurbeispiel III
Spielfigur			

Flora

Fauna

Anlage 2   **Formenanalytische Serienbildung –**
                    Beispiel Buchcover Pionierkalender der DDR
                    Quelle: private Sammlung

1. Serie: Pionierkalender 1963–1971

2. Serie: Pionierkalender 1973–1976

3. Serie: Pionierkalender 1979–1990

Printed in the United States
By Bookmasters